FACULTÉ DE DROIT DE CAEN.

ACTE PUBLIC POUR LE DOCTORAT.

DE LA

SÉPARATION DES PATRIMOINES

En Droit romain et en Droit français.

THÈSE

SOUTENUE PUBLIQUEMENT LE MARDI 5 FÉVRIER 1861,

à 3 heures du soir,

DANS LA GRANDE SALLE DE LA FACULTÉ DE DROIT,

PAR

Emile SAROT,

AVOCAT A COUTANCES (MANCHE).

Juris præcepta sunt hæc:
...... suum cuique tribuere.
(Inst. de Justinien, liv. I.
tit. I. § 3).

COUTANCES,

IMPRIMERIE DE J.-J. SALETTES, LIBRAIRE-ÉDITEUR.

186

DE LA

SÉPARATION DES PATRIMOINES

EN DROIT ROMAIN ET EN DROIT FRANÇAIS.

FACULTÉ DE DROIT DE CAEN.

ACTE PUBLIC POUR LE DOCTORAT.

DE LA

SÉPARATION DES PATRIMOINES

En Droit romain et en Droit français.

THÈSE

SOUTENUE PUBLIQUEMENT LE MARDI 5 FÉVRIER 1861,

à 3 heures du soir;

DANS LA GRANDE SALLE DE LA FACULTÉ DE DROIT.

PAR

Emile SAROT,

AVOCAT A COUTANCES (MANCHE).

Juris præcepta sunt hæc:
...... suum cuique tribuere.
(Inst. de Justinien, liv. 1.
tit. 1. § 3).

COUTANCES,

IMPRIMERIE DE J.-J. SALETTES, LIBRAIRE-ÉDITEUR.

1861.

SUFFRAGANTS :

MM. BAYEUX, *professeur, Président.*
DEMOLOMBE, *Doyen.*
TROLLEY, *professeur.*
LECAVELIER, *id.*
POUBELLE, *agrégé.*

A mon Père et à ma Mère.

A la mémoire de mon Frère.

A

M. BROHYER-DE-LITTINIÈRE,

CHEVALIER DE L'ORDRE IMPÉRIAL DE LA LÉGION-D'HONNEUR,

DÉPUTÉ AU CORPS LÉGISLATIF,

MEMBRE DU CONSEIL-GÉNÉRAL DE LA MANCHE,

MAIRE DE LA VILLE DE COUTANCES.

DE LA

SÉPARATION DES PATRIMOINES

EN DROIT ROMAIN ET EN DROIT FRANÇAIS.

———◆◆◆———

NOTIONS PRÉLIMINAIRES.

La matière que nous nous proposons d'étudier dans ce travail passait déjà chez nos anciens Auteurs français (voir Lebrun, Successions, liv. 4, chap. 2, sect. 1, n° 12), et passe encore plus que jamais aujourd'hui (voir Mourlon, Examen critique des commentaires de M. Troplong sur les priviléges, n° 206), pour une des plus ardues de tout le droit. Mais cette difficulté, qui est du reste incontestable, tient plus à l'insuffisance des Textes qui ont régi ce sujet jusqu'à ce jour et à la contradiction que l'on remarque ou croit remarquer souvent entre eux, qu'à l'abstraction des principes sur lesquels ce même sujet repose, et à la complication des faits auxquels ces principes viennent s'appliquer.

Ces principes et ces faits sont en eux des plus simples.

2*

On a toujours, en effet, regardé comme une règle constante dictée aussi bien par la raison elle-même que par le droit positif, que la transmission héréditaire opère *ipso jure* vis-à-vis de tous, au cas bien entendu où la succession se trouve acceptée purement et simplement cas que nous supposerons généralement dans le cours de ce traité, une confusion complète du Patrimoine, c'est-à-dire, dans le sens scientifique de ce mot le seul où nous le prenions jamais, de l'universalité juridique et abstractive des droits actifs et passifs, de l'*universum jus*, de la personnalité fictive en un mot (v. Aubry et Rau sur Zachariæ, tome 5, *p.* 1 à 3), du défunt avec celui de son héritier dans lequel il vient s'absorber (Arg¹, l. 24. Dig. *De verb. sig.* et l. 62, ib. *de reg. juris.* — Lebrun, successions, liv. 2, chap. 8; et M. Demolombe, successions, tome 2, n° 512); et par suite, du moins en règle générale, des divers éléments individuels et matériels qui correspondent au premier de ces Patrimoines avec ceux qui se rattachent au second au milieu desquels ils disparaissent en droit sinon en fait. D'où il résulte, entre autres conséquences, que d'un côté les biens du défunt devenant ainsi ceux de son héritier (l. 37. Dig. *De acq. hered.* — Art. 724 du Code N.) et ne faisant alors plus qu'un avec ceux propres à celui-ci, se trouvent dorénavant soumis de même que ces derniers à toutes les obligations personnelles de leur nouveau propriétaire (Arg¹ Gaius, com. 2, § 70, art. 2093 du Code N.); et que réciproquement les dettes du *de cujus* devenant par la même raison celles de cet héritier (l. 8, in princip. Dig. *De acq. hered.* Arg¹, art. 724, Code N.) et prenant alors rang parmi son passif personnel duquel elles ne se distinguent plus, peuvent désormais être poursuivies sur ses biens propres de même qu'elles pouvaient l'être jadis et peuvent l'être encore sur ceux du défunt (Arg¹ Gaius, com. 3, § 70, l. 8, in princip. Dig. *De acq. hered.* —Arg¹, art. 783, 809 et 2002 du Code N.).

Mais on conçoit facilement que ce double résultat puisse respectivement occasionner dans certains cas un préjudice plus ou moins grave soit aux créanciers du défunt soit à l'héritier lui-même. — A ces créanciers, si les biens de ce défunt, sur lesquels ils possédaient avant la confusion sus-indiquée un gage universel et exclusif tandis que désormais, à moins bien entendu que leur titre ce qui n'arrivera que dans des hypothèses toujours rares que nous nous réservons du reste de délimiter incidemment dans le cours de ce traité, ne leur donne et ne leur conserve malgré la transmission héréditaire un droit exceptionnel et supérieur sur ces mêmes biens, ils vont se voir par suite de cette confusion qu'ils n'ont d'ailleurs aucun moyen d'empêcher, naturellement forcés d'y subir le concours ou même selon les cas la priorité des créanciers personnels de l'héritier, étant assez importants mais l'étant à peine assez pour leur garantir le remboursement de leurs droits, la fortune de cet héritier se trouve elle grevée au delà de sa valeur par des dettes à lui propres de telle façon qu'elle ne pourrait leur fournir un dédommagement suffisant du concours ou de la priorité dont nous venons de parler; ou bien, et cela par un motif analogue au précédent, si les deux fortunes du défunt et de son héritier étant l'une et l'autre insolvables, celle du premier l'est moins que celle du second. (V. l. 1, § 1. Dig. *De sep.*)—A l'héritier lui-même dans l'hypothèse où, quel que soit d'ailleurs l'état de son avoir personnel, les biens héréditaires qu'il a recueillis sont affectés de dettes qui en dépassent l'importance active et dont son investiture successorale le forcera d'après ce que nous avons vu plus haut d'acquitter l'excédant sur sa fortune propre, inconvénient dont la crainte suffirait souvent pour déterminer un héritier qui n'a pas encore pris de parti au sujet de la succession, à répudier complétement celle-ci. (V. l. 22, in princip. Code *de jure delib.*).

A chacun de ces dangers le législateur obéissant à des considérations d'équité que l'on a sans doute devinées déjà et que nous allons du reste présenter incidemment tout à l'heure est venu apporter un préservatif spécial en faisant cesser respectivement sur la requête des intéressés la cause qui avait donné naissance à l'un et à l'autre.—A l'encontre du premier a été introduit (v. l. 1, § 1 et s. Dig. *De sep.* et l.l. 1, 2, 7, Code *de bon. auct. jud. poss.* — Art 878 à 880 et 2111 du Code N.) le bénéfice dont nous nous occupons lequel effaçant sous des conditions différentes et d'une manière plus ou moins complète et plus ou moins absolue, ainsi que nous le verrons, selon les législations, à l'égard des créanciers du défunt qui redoutent pour la raison plus haut indiquée l'insolvabilité d'un héritier dont ils n'ont pu comme on l'a déjà dit entraver l'investiture avec lequel ils n'ont jamais contracté et dont par conséquent ils ne pouvaient en justice rester forcément exposés à subir la mauvaise fortune, et dans la limite des droits de ces créanciers, la confusion sus-mentionnée, vient rétablir à ce moyen pour eux du moins dans cette même limite quant aux biens héréditaires qui se trouveront en tout état d cause une fois le bénéfice en question régulièrement invoqué séparés de ceux de l'héritier, le gage qui a été ci-dessus indiqué et que la foi des conventions pouvait et devait même leur faire espérer de conserver contre toute éventualité fâcheuse sur la fortune de leur débiteur primitif. D'où il suit que les créanciers personnels de l'héritier, qui du reste n'auront pas le plus souvent compté sur les biens du défunt, ne pourront plus, grâce à l'emploi de la Séparation, obtenir aux dépens de ces mêmes biens le remboursement total ou partiel de leurs créances tant que les créanciers du *de cujus* n'auront pas été complètement désintéressés. Ce dernier résultat que son équité suffirait déjà à justifier en théorie se trouve d'ailleurs n'être que l'application particulière du principe général de droit et de raison qui interdit aux ayant-cause voulant agir du chef de leur auteur de réclamer des droits

plus étendus que ceux que ce dernier était lui-même fondé à exercer, et en vertu duquel dans notre espèce de même que l'héritier
ne peut, d'après ce que nous avons observé, appréhender les biens
compris dans le Patrimoine du défunt qu'à la charge d'acquitter
les dettes qui les grèvent et qui en définitive ne se rattachent
pas moins à ce Patrimoine que l'actif qui y est relatif (Arg', l. 3.
Dig. *De bon. poss.* Aubry et Rau, op. cit. tome 3, *p.* 3), de même
les créanciers de cet héritier qui ne peuvent atteindre que par son
intermédiaire les valeurs ainsi transmises ne doivent être autorisés à le faire que sous la même condition (voir Pothier, succession, chap. 5, n° 4) laquelle ne saurait évidemment être remplie
de la part de ces créanciers qu'au moyen d'une abstention entière
de toute action sur les biens du défunt jusqu'à l'acquittement
intégral des dettes qui pèsent sur eux, application qui paralysée
un moment par la confusion sus-mentionnée, reprend vie dès
que la Séparation vient, ainsi qu'on l'a vu, faire disparaître
cette même confusion. — Au second des dangers plus haut signa-
lés lequel se présentant dans une situation beaucoup moins favorable que celle où surgissait le premier puisque l'héritier est parfaitement libre de répudier la succession à lui dévolue n'a aussi
trouvé que plus tard son remède, il a été pourvu (l. 22. Code *de
jure delib.* art. 793 et s. du Code N.) par la création du bénéfice
d'inventaire qui mettant un terme absolu à la confusion plus
haut mentionnée permettra à cet héritier d'accepter sans inconvénient une hérédité qu'il eût en l'absence de cette garantie,
ou appréhendée purement et simplement pour en retirer peut-
être, au lieu de l'avantage que la pensée du législateur comme
souvent aussi les indices de fait les plus favorables semblaient
devoir lui assurer en cette occurrence, un préjudice susceptible le plus ordinairement de faire un échec sérieux à son
crédit et même dans certains cas d'amener sa ruine complète, ou
bien répudiée d'une manière absolue quoiqu'il pût avoir au fond

les motifs les plus pressants de ne pas laisser le défunt sans représentant état de chose qui d'ailleurs n'eût pas été moins funeste à l'intérêt public que contraire aux utilités particulières. C'est là, ainsi qu'on peut déjà le reconnaître et que nous l'établirons d'ailleurs plus loin, une matière toute différente de la nôtre et dont nous ne traiterons guère dans le cours de ce travail que pour signaler les points qui la séparent de celle-ci.

Tels sont, en les dégageant de tout détail et en principe, le fondement très-élémentaire et le but très-simple du bénéfice de Séparation des Patrimoines lequel après avoir pris naissance dans le Droit Romain à propos des circonstances ci-dessus relatées et pour parer au danger qui s'y rencontrait pour les créanciers du défunt (v. la loi 1, § 1. Dig. *De sep.* et la loi 2 au Code *de bonis auct. jud. poss.* v. aussi Dollinger, revue critique de législation, tome 13, *p.* 140 et suiv. n° 10) et s'y être, ainsi que nous le verrons bientôt, étendue dans un but analogue à d'autres hypothèses se rapprochant de celle qui précède, et même, mais en changeant cette fois complètement d'objet, à des cas qui diffèrent totalement de celle-ci, passa de là sinon avec ces extensions surtout les dernières au moins avec son principe et son but primitifs quoique singulièrement modifié quant à sa forme son caractère et ses effets, dans notre ancien Droit Français puis dans le Droit intermédiaire pour reparaître enfin dans notre législation actuelle où il occupe une place d'une grande importance juridique.

Nous nous proposons ici de suivre cette institution à travers ces quatre phases historiques pour étudier dans chacune d'elles et surtout dans la première et la dernière, dans celle-ci principalement bien entendu, en nous en tenant toutefois pour la plupart du temps à des généralités, les règles qui l'y gouvernent et les applications que celles-ci y reçoivent. Ce qui va naturellement nous forcer de diviser notre travail en quatre parties correspondant aux époques diverses que nous venons d'indiquer.

—◦◦◦—

Ire PARTIE.

—

DROIT ROMAIN.

(Dig. liv. 42, t. 6. — Code, liv. 7, t. 73).

Avant d'aborder ici les différentes questions que soulève la
matière nous ferons une remarque importante destinée à tracer
les limites de notre champ d'examen.

Nous avons exposé tout à l'heure le cas normal auquel partout
la Séparation s'applique. Ce cas, ainsi que nous l'avons dit et
que le prouve déjà la rubrique du titre *de Separationibus* au
Digeste consacré à cette matière, était en Droit Romain bien loin
d'être le seul où il y eût lieu de recourir à ce bénéfice qui selon
l'observation de M. Dollinger (op. cit., n° 1) y pouvait intervenir dans presque toutes les poursuites en expropriation; les
glossateurs portent à huit le nombre des circonstances où son
application était possible, et ce nombre est encore incomplet.
Mais d'abord, ainsi que nous l'avons plus haut fait pressentir, il
est facile de reconnaître en étudiant les Textes qui y sont relatifs
que la plupart des hypothèses ici prévues tant par les lois du
Corpus Juris que par les commentateurs ne se rattachent en rien
à l'ordre fondamental d'idées développé dans nos notions préliminaires et auquel nous devons forcément nous restreindre sous

peine d'empiéter sur des matières totalement étrangères à la
nôtre; il suffit pour s'en convaincre de lire attentivement les
lois 1, § 6, 6. Dig. *De sep.* 3, § 4, ib. *de minoribus;* 12. ib. *de
vulgari et pupillari sub.* et 32 *mandati* desquelles on voit ou desquelles on a fait ressortir les cas en question dont nous n'avons
d'après ce que nous venons de dire aucunement à nous occuper
ici. Quant à ceux composant le reste des hypothèses sus mentionnées ils rentrent tous il est vrai plus ou moins directement
dans l'ordre d'idées où nous devons nous renfermer, mais comme
tous ont pris leur point de départ dans l'espèce exposée par notre
préambule, espèce dont les autres s'en rapprochant lesquelles se
trouvent relatées ou visées dans les lois 1, § 9. Dig. *De sep.* et 5
§§ 15 et 16 ib. *de trib. act.* ne sont que des dérivés devant
d'ailleurs à raison de leur nature même, ainsi qu'il sera aisé de
s'en convaincre en se reportant aux lois dernières citées auxquelles nous renvoyons, ne se présenter que fort rarement dans la
pratique romaine où au contraire la première se rencontrait forcément à chaque instant et n'ayant jamais pour bien dire passé
dans notre Droit Français tandis que l'espèce en question s'y
est toujours reproduite avec ses applications primitives, nous
croyons à propos dans tout ce qui va suivre de nous borner à
l'étude de cette même espèce dont au reste la plupart des règles
y relatives pourront s'appliquer *mutatis mutandis* à tous les cas
de la seconde catégorie ci-dessus indiquée que nous nous déter-
minons ainsi à négliger.

Cela posé et notre voie étant ainsi tracée et restreinte, nous
répondrons ici, dans les limites que nous venons de nous fixer,
aux questions suivantes : 1° Qui peut demander la Séparation
des Patrimoines? 2° Contre qui peut-elle être demandée? 3° Dans
quelles formes est-elle demandée? 4° Quelles sont les déchéances
du droit d'en obtenir l'exercice? 5° Quelle est sa nature et quels
sont ses effets?

—

§ Ier.

Qui peut demander la Séparation des Patrimoines ?

Ce droit appartient d'abord et naturellement aux créanciers du défunt (l. 1, § 1. Dig. *De sep.*) en faveur desquels ce bénéfice a été, d'après ce que nous avons vu dans notre préambule, introduit pour la première fois.

Le terme de créanciers *creditores* ici employé par la loi que nous venons de citer étant général et aucun Texte ne venant sérieusement restreindre sa portée, il s'ensuit que celle-ci est absolue, circonstance qui entraîne avec elle de nombreuses conséquences dont quelques-unes sont consacrées par d'autres dispositions de la Loi Romaine.

C'est ainsi qu'il résulte du Texte formel de la loi 4 *in princip.* Dig. *De separ.* qu'il ne faut établir quant au point que nous étudions présentement aucune distinction entre le créancier pur et simple et celui dont le droit se trouve modifié par un terme non accompli ou par une condition non encore réalisée; quel que soit à ce point de vue le caractère de la créance et bien que dans les cas ordinaires les modalités dont nous venons de parler rendent moins énergique l'action de son titulaire, celui-ci sera fondé en tout état de cause à réclamer cette garantie cette *communis cautio*, pour nous servir des expressions mêmes du législateur, qui consiste dans la Séparation et qui du reste selon la remarque de Voet (*in tit.* Dig. *De sep.* n° 2) est d'autant plus nécessaire et d'autant plus juste que l'exercice de l'action susmentionnée se trouve différé ou suspendu.

Il ressort de même du *princip.* de la loi 3. Dig. *De sep.* que le créancier dont le droit se trouvait primitivement garanti par une caution pourra lorsque le débiteur principal aura par aventure succédé à celle-ci et bien qu'alors l'obligation accessoire se soit éteinte par la confusion, demander, de même que celui dont le débiteur unique est venu à décéder, le bénéfice de Séparation et se faire à ce moyen payer sur les biens laissés par la caution sus-dite de préférence aux créanciers de son héritier, décision d'une équité évidente et sans laquelle le créancier se verrait dans cette hypothèse frustré des avantages que le soin qu'il avait pris dès l'abord d'assurer sa créance devait naturellement lui procurer.

Enfin, d'après la décision expresse des lois 8 au Code *de rebus auct. jud. poss. et* 6, ib. *de hered. act.*, la qualité chez le créancier du défunt d'hériter pour partie de celui-ci ne saurait l'empêcher de demander quant à la portion de son droit primitif non confondue par son investiture héréditaire le bénéfice dont nous nous occupons ici.

Telles sont les applications que les lois romaines se sont elles-mêmes chargées de faire de la disposition générale précitée du § 1 de la loi 1. Dig. *De sep.*; ces applications ne sont assurément pas les seules que l'on puisse en tirer, mais les bornes de ce traité nous contraignent à nous y tenir.

Le droit à la Séparation concédé comme nous venons de le voir aux créanciers du défunt appartient, notons-le, à chacun d'eux individuellement de telle sorte que si quelques-uns de ces créanciers négligent d'en user ou ne peuvent plus le faire pour une cause que nous indiquerons plus loin les autres n'en seront pas moins fondés à réclamer chacun de son côté ce bénéfice dont l'organisation à cet égard n'a rien de nécessairement collectif. — C'est ce qui nous paraît résulter implicitement du § 16 de la loi 1. Dig. *De sep.*

Il faut observer ici, bien que ce point sorte à vrai dire du

cadre que nous nous sommes ci-dessus tracé et ne se rattache
qu'accessoirement à l'espèce où nous avons résolu de nous renfermer, que la faculté ainsi accordée aux créanciers du défunt
d'obtenir pour parer au danger que nous savons le bénéfice de
Séparation et d'écarter à ce moyen, au moins dans la limite de
leurs intérêts, des biens héréditaires les créanciers personnels
de l'héritier qui voudraient y exercer leurs droits, n'entraîne en
rien pour ces derniers créanciers le droit de pouvoir réciproquement, au cas où leur débiteur ayant accepté purement et simplement une hérédité qui paraît insolvable et dont son adition ou
acceptation lui impose d'après ce que nous avons vu dans notre
préambule en conséquence de la confusion qu'elle a nécessairement entraînée avec elle l'obligation d'acquitter intégralement
toutes les dettes même aux dépens de sa fortune propre, ils crai-
gnent que l'action désormais possible des créanciers du défunt
sur les biens personnels de cet héritier quant auxquels d'ailleurs
ils n'ont pas eu nous le supposons le soin de s'assurer en con-
tractant un droit spécial qui les en eût garantis ne diminue sans
compensation suffisante le gage exclusif qu'ils possédaient jadis
sur ces mêmes biens, soustraire ces derniers à l'action dont il
s'agit au moyen d'une Séparation demandée à cet effet. Telle est
la décision formelle du § 3 de la loi 1. Dig. *De sep.* qui refuse
alors expressément aux créanciers de l'héritier le bénéfice en
question. C'est qu'en effet, ainsi que le remarque lui-même l'auteur de cette loi, la situation de ces créanciers est loin d'être,
dans la circonstance que nous venons de dépeindre, aussi favorable que l'est dans l'espèce où nous raisonnons d'ordinaire
celle des créanciers du défunt : ou bien antérieurs à l'acceptation de la succession ces créanciers de l'héritier ont en suivant la
foi de leur débiteur et en se soumettant ainsi à l'avance aux conséquences des engagements nouveaux qu'ils ne pouvaient du reste
l'empêcher de souscrire à l'avenir, acquiescé dès l'abord aux ré-

sultats tels quels que devaient produire les acceptations qu'il lui plairait d'effectuer des successions qui lui seraient plus tard dévolues, et ne sauraient donc ensuite être reçus si l'une de ces acceptations paraît désavantageuse et par là de nature à réaliser à leur égard l'inconvénient que nous avons signalé, à demander au législateur une garantie contre un danger qui a dû entrer dans leurs prévisions et dont ils se sont d'après ce que nous venons de dire résignés par anticipation à subir les conséquences; ou bien postérieurs à cette acceptation ils ont au moment où ils ont traité avec l'héritier connu ou dû connaître l'influence tant de fait que de droit que celle-ci était susceptible de produire sur la situation de leur futur débiteur et ne seraient par suite en rien fondés à vouloir être protégés par la loi contre un péril auquel ils se sont volontairement exposés. Tout autre est, nous le savons déjà, la situation des créanciers du défunt qui réclament la Séparation. N'ayant en rien contracté avec l'héritier ils ne peuvent en équité devenir forcément victimes de son insolvabilité et doivent par conséquent être mis à même de s'en garantir. — C'est donc avec raison que la loi romaine établit ici une différence entre ces deux classes de créanciers.

Observons toutefois que si les créanciers de l'héritier ne sont pas recevables dans la circonstance ci-dessus décrite à obtenir la Séparation ils pourront et en vertu du Droit commun (v. l. 10, *in princip*. Dig. *Quæ in fraud. cred.*) et en vertu d'une disposition spéciale du § 5 de la loi 1. Dig. *De sep.* attaquer selon les cas comme faite en fraude de leurs droits l'acceptation que l'héritier a passée d'une succession réellement insolvable, faculté qui du reste, comme il est facile de le comprendre, diffère totalement du bénéfice dont nous nous occupons.

Le Droit Romain dans notre espèce à laquelle nous avons hâte de revenir, voulant parer à un danger semblable à celui que nous avons signalé dans nos notions préliminaires et provenu, quoique dans des conditions nécessairement mais à Rome surtout différentes, à vrai dire et forcément de la même cause, et se guidant sans doute pour prendre cette décision qui au surplus est à l'abri de toute critique tant sur la volonté tacite du défunt que sur un argument juridique analogue à celui que nous avons présenté par notre préambule en ce qui concerne les créanciers du *de cujus*, accorde en second lieu et cela d'une manière également générale le droit de demander la Séparation aux légataires de celui-ci (l. 6, *in princip.* Dig. *De sep.*) qu'il assimile sur ce point à ces créanciers et auxquels s'appliqueront dès-lors *mutatis mutandis*, bien que les lois y relatives dont au demeurant nous suivrons en cela, pour simplifier, l'exemple, ne parlent presque jamais que des créanciers du défunt que selon toute probabilité et d'après ce que nous avons dejà dit à cet égard elles concernaient exclusivement dans l'origine, toutes les règles de la matière; sauf à ces légataires, lorsqu'on viendra à distribuer le prix résultant de la vente qui sera alors effectuée des biens héréditaires de se laisser en tout état de cause primer par les droits naturellement préférables des créanciers sus-mentionnés (l. 4, § 1. Dig. *De sep.*).

—

§ II.

Contre qui la Séparation des Patrimoines peut-elle être demandée?

Nous verrons plus tard, lorsque nous examinerons quel était en Droit Romain le caractère de la Séparation, que celle-ci en réduisant les choses à leur plus simple expression y avait toujours

pour résultat principal et on peut dire unique, les autres que ce
bénéfice se trouve appelé à y réaliser n'en étant véritablement au
point de vue juridique que de purs dérivés, de rescinder à l'égard
des créanciers du défunt et dans la limite de leurs droits l'investiture héréditaire qui avait amené le danger dont ils étaient
comme nous l'avons vu menacés. — Il découle forcément de là ,
quant au point qui nous occupe en ce moment, bien qu'aucun
Texte ne vienne par une disposition expresse tirer ou consacrer ces
conséquences : qu'à la différence de ce que nous aurons à constater sous les autres législations la Séparation peut ici s'exercer,
c'est-à-dire produire au profit des créanciers du défunt son effet
capital et être par eux invoquée dans ce même effet, contre l'héritier en personne, que bien plus elle ne saurait du moins directement s'exercer que contre lui et nullement comme on serait
tenté de le croire contre ses créanciers qui s'ils se voient nécessairement et toujours, ainsi que nous le savons déjà et que nous
l'expliquerons dans notre 3ᵉ §, atteints de fait par cette mesure
que leur présence a d'ailleurs seule pu provoquer et qui a pré-
cisément pour but de les priver dans une certaine limite de toute
action sur les biens héréditaires, ne le sont en réalité d'après
le principe général plus haut posé qu'en second ordre et par
contre-coup ; que par une suite immédiate toutes les formalités
dont, nous le remarquerons bientôt, l'accomplissement constitue
la condition essentielle et la mise en œuvre indispensable de cet
exercice avec lequel par la force des choses elles se confondent
pour ainsi dire, pourront être dirigées personnellement contre
cet héritier et ne pourront l'être que contre lui ; que de même les
mesures conservatoires du droit d'arriver plus tard à l'exercice
sus-dit dont elles sont naturellement toutefois jusqu'à un certain point indépendantes pourront en supposant, ce qui ne nous
paraît pas en principe admissible, quelles soient de mise en
Droit Romain être prises contre cet héritier et de plus ne sau-

raient l'être qu'à son respect, ses ayant-cause d'ailleurs qu'il
est dans certains cas fondé à représenter n'étant jamais eux
recevables à le faire en ce qui le concerne; qu'en un mot la
demande en Séparation, en désignant selon le langage ordinaire
des jurisconsultes par ce terme de *demande* collectivement l'exercice du droit en question la procédure qui organise cet exercice
et les mesures conservatoires dont nous venons de parler, éléments divers entre lesquels il n'y a en Droit Romain quant au
point qui nous occupe lieu d'établir aucune distinction, peut
être formée contre l'héritier lui-même et ne peut l'être que contre
lui. Il est vrai que certains Textes et notamment le § 4 de la loi
1. Dig. *De sep.* semblent donner un démenti à notre solution et
supposer par leurs expressions que le bénéfice dont il s'agit
peut être demandé sinon exclusivement au moins simultanément
contre les créanciers de l'héritier, mais il ne faut en présence des
conséquences logiques que nous venons de déduire de principes
réellement incontestables ainsi que nous en aurons plus tard la
preuve, voir dans les expressions de ces Textes qui n'ont du
reste ainsi qu'il est aisé de le reconnaître par leur simple lecture
en rien pour objet de porter une décision sur le point qui nous
occupe actuellement, qu'une impropriété de termes qui s'explique facilement d'ailleurs par une considération de fait autant que
de droit laquelle ressort à suffire des explications que nous avons
tout à l'heure présentées.

Maintenant ce que nous venons de dire de l'héritier qui opé-
rant le plus souvent par son investiture à titre de représentant
ordinaire et même en principe indispensable de la personne du défunt la confusion des Patrimoines à laquelle le bénéfice que nous
étudions a pour but de parer se trouve, probablement pour cette
raison, implicitement présenté par les Textes interprétés à l'aide
des principes ci-dessus exposés comme le défenseur normal à la
demande en Séparation et sera pour le même motif continuelle-

ment envisagé par nous à cet égard dans ce qui va suivre, s'appliquera sans difficulté, les raisons de décider étant identiques, aux autres classes de successeurs qui devenus en vertu de leur ressemblance plus ou moins grande avec l'héritier dont ils ne sont à vrai dire quant à ce point du moins que des dérivés, les continuateurs du *de cujus*, réalisent aussi en leurs mains la confusion sus-mentionnée confusion que la Séparation dont le but est évidemment général ira naturellement atteindre partout où la première viendra à se manifester.

————

§ III.

En quelles formes la Séparation est-elle demandée ?

Cette question se décompose théoriquement en deux, savoir : 1° Quelle est la procédure à laquelle se trouve soumis l'*exercice* du bénéfice dont il s'agit, c'est-à-dire, nous l'avons déjà vu, la production au profit des créanciers du défunt de son effet capital et le fait pour ces créanciers de l'invoquer dans ce même effet ? 2° Quelles sont les mesures conservatoires du droit d'arriver plus tard à cet exercice supposé impossible au moment où l'on se place ?

Et d'abord quelle est la procédure à laquelle se trouve soumis l'exercice de la Séparation ?

Les lois du *corpus juris* ne tranchent pas ce point d'une manière complète, toutefois elles renferment en ce qui le concerne certaines dispositions expresses ou implicites qui accompagnées de quelques considérations puisées soit dans l'historique de la

Séparation soit dans son caractère nous fourniront sinon les détails au moins les traits principaux des formes ici suivies.

Inconnue d'une part, ainsi que le prouve la simple lecture des
Textes y relatifs, pendant les premières phases de la législation
où l'impossibilité absolue de faire échec à l'*ipsum jus* dont les
règles entre autres objets fixaient d'une manière invariable les
conséquences logiques de la transmission héréditaire rendait tout
à fait impraticable la création d'un bénéfice qui eût nécessairement froissé ces mêmes règles, et introduite par le Préteur (Arg',
l. 2. Code *de bonis auct. jud. poss.*) à une époque où l'adoucissement de cette législation avait fait disparaître l'obstacle dont nous
venons de parler en investissant le magistrat en question de la
faculté de corriger par ses Édits la trop grande rigueur du Droit
Civil, époque qui n'est pas connue d'une manière précise et que
M. Dollinger (n° 8) place probablement avec raison dans le vii°
siècle de Rome c'est-à-dire vers le moment où l'abolition des
legis actiones venait de faciliter l'adoucissement sus-mentionné ;
ayant d'un autre côté, ainsi que nous le savons, toujours pour
résultat principal de rescinder à l'égard des créanciers du *de cujus* l'investiture héréditaire ou en d'autres termes de reconstituer
à leur respect, en y rattachant bien entendu du moins en général
les éléments individuels qui y correspondaient jadis, le Patrimoine l'*universum jus* du défunt jusque-là confondu avec celui
de l'héritier, l'institution dont nous nous occupons devait forcément présenter dans la procédure qui organise son exercice les
traces de cette origine toute exceptionnelle de ce caractère tout
spécial. Ces traces se retrouvent en effet saillantes dans les quelques textes qui se rapportent à cette procédure.

Il résulte d'abord de ces Textes que le bénéfice de Séparation
qui d'après ce que nous avons vu appartient en principe et en
quelque sorte de plein droit aux créanciers du défunt ne peut
cependant, qu'il s'agisse du reste des meubles ou des immeubles

4

héréditaires entre lesquels il n'y a en Droit Romain quant à notre matière lieu d'établir aucune distinction juridique, s'exercer qu'après que l'exercice en a été concédé aux créanciers sus-indiqués dans un décret rendu *causâ cognitâ* (l. 2, Code *de bonis auct. jud. poss.*) par le Préteur lui-même (l. 1, §§ 1 et 14. Dig. *De sep.*) remplacé à cet égard dans les provinces par le *Præses* (l. 1, § 14. Dig. *De sep.*); il était en effet tout naturel que le créateur d'une institution qui avait à Rome le résultat si extraordinaire et dont nous étudierons plus loin les importantes conséquences de rescinder du moins jusqu'à un certain degré la saisine héréditaire, se fût réservé en s'autorisant pour cela des principes nouveaux de la législation la faculté de surveiller personnellement son usage et de parer aux abus qui auraient pu se glisser dans ce dernier en l'accordant ou le refusant selon que les circonstances à lui révélées, abstraction faite de tout autre indice, par les phases du débat contradictoire auquel la requête présentée en cette occasion par les séparatistes ou demandeurs en Séparation devait naturellement donner lieu, rendraient en fait l'emploi de ce bénéfice conforme ou non aux règles de la matière qui en fixent soit directement soit implicitement les limites.

Il en ressort en outre que le décret dont nous venons de parler, lequel en concédant l'exercice du bénéfice en question (Arg¹, l. 1, § 1. Dig. *De sep.*) aura d'après ce que nous avons vu ci-dessus pour résultat immédiat de reconstituer du moins abstractivement l'*universum jus* du défunt, se trouvait toujours accompagné (Arg¹, l. 1, § 1. Dig. *De sep.*, l. 3, §§ 1 et 3. Dig. *ex quibus causis in poss. eat*) d'un envoi en possession des biens du défunt lequel envoi atteignant tous ces biens (Arg¹, l. 1, § 1. Dig. *De sep.* et l. 1, Code de *præt. pign.*) et s'ouvrant avec un effet égal à tous les créanciers du *de cujus* même à ceux qui ne s'étaient pas primitivement présentés (Arg¹, l. 4 *in pr.* Dig. *De sep.* et l. 12 *in prin.* Dig. *ex quib. causis in poss.*), et possédant ainsi un caractère doublement collectif qui du reste forme en général le propre des *missiones in possessionem*, n'est autre chose que la réalisation matérielle en quelque sorte de l'effet de droit produit comme nous l'avons constaté par le décret précité.

Enfin il en découle que ce décret et l'envoi en possession qui en constitue l'accessoire obligé ne peuvent intervenir (Arg. l. 4, §§ 4 et 8.—l. 3 *in princip*. Dig. *De sep.* rubrique du titre 73, liv. 7 du Code) qu'incidemment ou accessoirement à une poursuite d'expropriation, dont au reste rien ne saurait empêcher en principe du moins les séparatistes de prendre eux-mêmes l'initiative, dirigée contre l'héritier et embrassant tous ses biens parmi lesquels se trouvent en vertu de la saisine successorale nécessairement compris tous ceux du défunt, que les formalités dont nous avons parlé ci-dessus permettront alors de distraire de l'actif propre de cet héritier, et, la saisie suivant ensuite naturellement pour le tout son cours ordinaire, de faire vendre séparément pour en être le prix conformément à l'objet du bénéfice que nous étudions attribué exclusivement jusqu'à concurrence de leurs droits aux créanciers du défunt tandis que les biens propres du saisi seront de leur côté adjugés au profit de ses créanciers personnels (v. l. 4, § 4. Dig. *De sep.*). Que l'exercice de la Séparation ne puisse ainsi s'opérer qu'à propos d'une expropriation atteignant les biens héréditaires, cela se conçoit sans peine puisque du moins le plus souvent ce n'est qu'alors que les créanciers du défunt peuvent en vertu de la nature même des choses et par suite sous toutes les législations avoir réellement intérêt à procéder à cet exercice quelque soit du reste la nature de celui-ci; mais que ce même exercice ne soit recevable qu'en présence d'une saisie générale comprenant tous les biens de l'héritier voilà ce qui doit surprendre. Cependant cette particularité que l'on remarque dans le Droit Romain s'y explique aisément par cette circonstance que la Séparation ayant dans ce Droit le résultat véritablement exorbitant do résoudre dans une certaine mesure l'adition d'hérédité ne devait pouvoir s'y employer que quand il y avait réellement urgence d'y recourir, c'est-à-dire ainsi que cela ressort d'ailleurs des Textes eux-mêmes examinés avec soin que lorsque d'un côté l'insolvabilité de l'héritier dont ce bénéfice a, nous le savons, pour but de garantir les créanciers du défunt était certaine ou du moins probable et d'un autre côté ces derniers se voyaient à la veille de perdre dans son entier et sans retour l'objet du gage que ce même bénéfice devait à l'encontre de cette insolvabilité rétablir à leur profit, ce qui ne pouvait, comme il est facile de le concevoir, guère se bien constater cumulativement que par ou moyennant l'existence d'une poursuite générale en expropriation.

Telles sont les indications que nous fournissent sur la procédure dont il s'agit les Textes du Droit Romain. Développées par les considérations qui les ont ci-dessus accompagnées elles suffisent nous le croyons à tracer le caractère général de cette procédure, caractère qui d'ailleurs paraît, et d'après les termes des dispositions légales d'où il ressort et d'après les principes constants dont ces dernières ne sont que l'application, s'être maintenu sans altération jusqu'aux dernières époques de la législation. Quant aux détails qui seraient maintenant ici nécessaires le silence complet de la loi en ce qui les concerne et aussi le manque d'espace nous forcent à les laisser absolument de côté.

Passons à présent à notre seconde question celle de savoir quelles sont les mesures conservatoires du droit d'arriver plus tard à l'exercice supposé momentanément impraticable de la Séparation des Patrimoines? Ici la réponse sera courte et précise: En effet selon nous nulle mesure conservatoire n'est à cet égard possible, les Textes spéciaux de la matière auxquels ne peuvent sur ce point dans la législation Romaine suppléer les principes généraux du Droit n'en autorisant aucune; cette solution assurément fort rigoureuse et qui pourrait dans certains cas occasionner un préjudice grave aux créanciers du défunt en compromettant sérieusement l'exercice sus-mentionné du bénéfice de Séparation s'explique encore quoique indirectement par la défaveur que la nature anormale qu'y revêtait ce bénéfice devait à Rome jeter sur son emploi.

—

§ IV.

Quelles sont les déchéances de la faculté d'obtenir l'exercice de la Séparation ?

Bien que réclamé par des créanciers y ayant droit en principe contre qui il appartient et dans les formes légales telles qu'elles ressortent de développements récemment exposés, et par suite devant en thèse générale être accordé à ceux qui le sollicitent, l'exercice de la Séparation sera néanmoins refusé à ceux-ci dans certaines circonstances spéciales prévues presque toutes par les Textes et que nous allons examiner successivement en nous conformant sur ce point à l'ordre logique présenté par Perezius. (*Prælect. in Cod.* t. 4, *p.* 680.)

Il en sera ainsi :

I.—Lorsqu'au moment de l'action en réclamation de cet exercice plus de 5 ans se sont écoulés à compter de l'adition (l. 1, § 13. Dig. *De sep.*). Il y a alors en effet lieu de présumer : ou bien que les créanciers du défunt en s'abstenant jusque-là de demander ce bénéfice contre l'héritier qu'ils pouvaient cependant en principe du moins poursuivre dès l'instant de son adition ont accepté cet héritier pour leur débiteur, ou bien que les valeurs héréditaires qui depuis ce même instant ont dû se trouver remises aux mains de l'héritier devenu ainsi que nous l'avons vu en commençant leur propriétaire unique sont actuellement confondues en fait d'une manière irréparable avec les siennes propres ; circonstances qui comme nous allons le voir sont l'une et l'autre exclusives de l'exercice en question.

Observons ici que ce délai de cinq ans que la loi fait ainsi courir du jour de l'adition devra, lorsque la transmission héréditaire se sera opérée sans cette formalité et de plein droit c'est-à-dire lorsqu'elle se sera effectuée au profit d'un héritier nécessaire, se calculer à partir de la mort du *de cujus* puisque dans cette hypothèse le décès en question remplace littéralement quant à ses effets l'adition précitée.

II. —Quand, à l'époque de l'action dont il s'agit, les choses ne sont plus entières.

Dans ce second ordre d'idées l'exercice de la Séparation n'est pas accordé.

1° Lorsqu'antérieurement à la requête formée près du Préteur l'hérédité a été vendue de bonne foi à un tiers (loi 2. Dig. *in princip. de sep.*). Il y en a ici, en laissant de côté tout autre motif, une raison bien simple (même loi § 1) : c'est que le bénéfice dont nous nous occupons ne produisant à Rome ainsi que cela résulte de ce que l'on a vu dans le § précédent, aucun effet avant cette requête ou plutôt avant le décret qui doit la suivre et l'héritier restant donc jusque-là pleinement investi de la saisine successorale et par suite de la propriété absolue des valeurs héréditaires qu'il peut dès-lors provisoirement, pourvu toutefois qu'il agisse sans fraude, gérer comme bon lui semble et rendre à son gré l'objet d'actes de toute nature lesquels parfaitement valables dans leur principe ne sauraient soit directement soit indirectement être repoussés ou critiqués plus tard par les créanciers héréditaires qui d'ailleurs les ont en quelque sorte autorisés ou ratifiés par leur silence, ces créanciers ne peuvent se voir dans cette hypothèse concéder l'exercice d'un bénéfice qui d'après ce que nous venons de dire et aussi d'après la nature spéciale de cette hypothèse ne leur y procurerait aucun résultat utile, — Il est du reste évident qu'une solution différente devrait être ici admise si la vente sus-mentionnée n'avait en réalité eu chez les contractants d'autre but que de faire échec aux droits des créanciers du défunt puisque alors ceux-ci seraient fondés, en rescindant au moyen de l'action Paulienne que leur accorde le Droit commun l'acte en question qui alors ne leur serait plus ensuite opposable, faire renaître pour eux l'intérêt dont l'absence les avait privés de l'exercice du droit sus-indiqué. C'est aussi ce qui ressort implicitement des Textes précités.

Que si au lieu de l'hérédité dont s'occupe seulement la loi 2 au Digeste in *princip. de sep.* c'est une fraction soit aliquote soit individuelle de cette même hérédité qui a été vendue, les créanciers du défunt qui d'après les principes tout à l'heure exposés et dont la portée est naturellement générale ne pourraient sauf toujours le cas de fraude en aucun état de cause faire échec au contrat intervenu, conservant néanmoins quant aux biens héréditaires restés en dehors de celui-ci et par conséquent soumis à leurs poursuites un intérêt plus ou moins grand à obtenir l'exercice de la Séparation, seront fondés aucun obstacle ne s'y opposant d'ailleurs à se le faire accorder. (Arg', l. 1, § 12. Dig. *De sep.*).

Les solutions que nous venons de donner en ce qui concerne le cas de vente de tout ou partie d'hérédité s'appliqueront sans difficulté par parité de motifs, *mutatis mutandis*, bien que la loi ait gardé à cet égard un silence complet, dans tous les cas où l'héritier a par quelque acte que ce soit et d'une manière quelconque affecté au profit d'un tiers les biens de la succession.

Remarquons toutefois que cette extension ne saurait du moins
entièrement comprendre les cas de constitutions d'hypothèques
ou de gages consentis par l'héritier sur ces mêmes biens. Ces
constitutions en effet étant toujours en vertu de la disposition expresse de la loi 1, § 3. Dig. *De sep.* et par une dérogation unique au principe général plus haut exposé réputées non avenues
au respect des créanciers du défunt que le législateur guidé
ici plutôt par l'équité que par la logique a ainsi voulu mettre
complètement à l'abri des actes les plus susceptibles naturellement de leur porter préjudice, il en résulte qu'elles ne pourront
jamais en faisant disparaître l'intérêt à l'obtenir mettre obstacle
à la concession de l'exercice du droit en question.

2° Lorsque au même moment les biens du défunt, qu'il s'agisse
du reste de meubles ou d'immeubles quoique pour ces derniers
la circonstance en question se conçoive difficilement, se trouvent
en fait tellement confondus avec ceux de l'héritier qu'il n'y a
plus moyen de les en distinguer (l. 1, § 12. Dig. *De sep.*). Il serait
en effet absurde d'accorder ici aux créanciers de ce défunt l'exercice d'un bénéfice qui ne pourrait plus leur apporter aucune utilité puisqu'ils ne sauraient sur quels objets faire porter le gage
exclusif que le bénéfice dont il est cas a pour but de rétablir à
leur profit. — Que si cette confusion n'était que partielle, les
créanciers du défunt ayant encore quant aux objets héréditaires
qu'elle n'a pas atteints intérêt à user de la Séparation, pourront
toujours en obtenir l'exercice.

3° Lorsqu'à la même époque les créanciers héréditaires ont déjà
accepté l'héritier pour leur débiteur (v. l. 1, §§ 10 et 15. Dig. *De
sep.*). Cette décision trouve, ainsi que l'indiquent les développements textuels qui l'accompagnent, une explication directe dans
le caractère même que revêt en Droit Romain le bénéfice de Séparation. En effet celui-ci y ayant toujours pour résultat capital de
rescinder à l'égard des créanciers précités l'adition d'hérédité et

par suite de rendre complètement étranger à ces créanciers l'héritier que cette adition avait, comme nous le savons, fait leur obligé, est essentiellement incompatible avec tout acte par lequel ces créanciers auraient en consentant à avoir ce même héritier pour leur débiteur consolidé de fait son investiture successorale. En effectuant donc un pareil acte et en suivant ainsi la foi de l'héritier les créanciers du défunt ont forcément renoncé d'une manière tacite au bénéfice de Séparation dont ils ne sauraient en conséquence être désormais recevables à obtenir l'exercice pas plus que ne le seraient en toute hypothèse les créanciers personnels de l'héritier parmi lesquels ils sont venus prendre rang et dont ils ont par une sorte d'option préféré la situation à celle inconciliable avec la première et qui leur était pareillement offerte dans l'origine de créanciers séparatistes. Maintenant quand y aura-t-il cette acceptation de l'héritier pour débiteur qui produira la déchéance dont il s'agit ? Il est évident, ainsi que cela résulte d'ailleurs des Textes, qu'elle existera dans tous les cas mais dans ceux-là seuls où l'intention des parties se sera soit explicitement soit implicitement manifestée clairement en ce sens. On se trouve donc là, en général du moins, devant une pure question d'appréciation. Toutefois quelques règles de Droit devenaient nécessaires, sinon en ce qui concerne l'acceptation expresse laquelle ne pouvait offrir de difficultés réelles, du moins à l'égard de l'acceptation tacite qui était susceptible d'en présenter de nombreuses; aussi voyons-nous le législateur Romain s'occupant de ce dernier point qu'il traite ici exclusivement, d'une part attribuer à certains faits qui lui ont semblé par leur nature renfermer forcément l'intention sus-indiquée, la propriété de constituer à eux seuls et abstraction faite de toute autre circonstance l'acceptation tacite de l'héritier pour débiteur, et d'autre part en refuser l'aptitude à certains autres que l'on serait peut-être tenté d'assimiler aux précédents. Les faits qui forment la première catégorie

5

sont : d'abord et avant tout (l. 1, § 10. Dig. *De sep.*) la stipulation par laquelle les créanciers du défunt ont fait avec l'héritier une novation dans leur créance; puis la réception d'une caution même insuffisante (*ib.*), ou d'un gage (l. 1, § 15. Dig. *De sep.*). Ceux composant la deuxième sont : la réclamation d'intérêts (l. 1, § 10. Dig. *De sep.*), et surtout l'action en justice (l. 7. Dig. *De sep.* l. 3. Code *de bonis auct. jud. poss.*) dirigée contre l'héritier par les créanciers du défunt.

Comme d'après ce que nous avons vu plus haut l'acceptation de l'héritier pour débiteur n'entraîne au fond déchéance du Droit d'obtenir l'exercice de la Séparation que parce qu'elle renferme nécessairement une renonciation à ce bénéfice, il est évident que toute renonciation soit expresse soit tacite à ce même bénéfice devra produire un résultat identique.

—

§ V.

Quelle est la nature et quels sont les effets de la Séparation?

Avant l'obtention de son exercice la Séparation ne produit en Droit Romain comme nous le savons aucun effet; mais une fois cet exercice accordé par le Préteur elle amène un résultat des plus remarquables et dans lequel du reste tous les autres qu'elle est ici appelée à réaliser viennent se résumer, à savoir celui de rescinder au respect des séparatistes l'adition d'hérédité et par là de reconstituer fictivement à leur égard le Patrimoine même du défunt dans lequel celui-ci est alors censé revivre et auquel se rattachent aussitôt par voie de conséquence tous les divers éléments actifs et passifs qui y correspondaient jadis à l'exception bien entendu d'un côté des objets détruits par cas fortuit ou vendus de bonne foi et confondus de fait par l'héritier et d'un autre côté des dettes éteintes depuis le décès ou devenues définitivement les obligations personnelles de cet héritier. Ainsi organisée la Séparation mettant à l'égard de ceux qui s'en sont fait concéder l'exercice fin d'une manière complète et absolue à la confusion de droit suite de la transmission héréditaire rend complètement étranger à l'héritier les séparatistes qui cesse⁻¹ dès-lors d'être ses créanciers en vertu de cette transmission pour reprendre le titre exclusif de créanciers du défunt, de même qu'elle enlève à cet héritier du moins dans une certaine mesure la propriété des biens héréditaires redevenus ainsi fictivement ceux du *de cujus ;* de telle sorte qu'à un certain point de vue les choses se passent comme si la succession était vacante.

Ce caractère radical de la Séparation des Patrimoines en Droit Romain, caractère méconnu et repoussé ainsi que nous les verrons par les autres législations et cependant si conforme à la logique et aussi à l'idée première que l'on se forme de ce bénéfice, nous paraît ressortir d'une manière incontestable : d'abord de la loi 1, § 10. Dig. *De sep.* où le jurisconsulte Ulpien en disant que les créanciers qui obtiennent l'exercice de cette garantie se séparent *ab herede* indique clairement par là la rescision sus-mentionnée de l'investiture héréditaire rescision qui d'ailleurs rend comme nous le savons l'héritier complètement étranger aux créanciers du défunt ; de la loi 5, ib., dont la phrase *recesserunt à personâ heredis* employée pour désigner la pensée probable des séparatistes et la situation qu'ils se créent en réclamant l'exercice de la Séparation rend encore plus sensible l'idée précédente, et dont l'expression *quasi defuncti bona rendiderunt* appliquée à ces mêmes séparatistes faisant une fois le décret du Préteur rendu conformément à leur demande vendre les biens distraits

par la Séparation, révèle d'une manière patente que cette dernière a pour résultat direct d'enlever dans une certaine mesure
à l'héritier la propriété des biens héréditaires pour la rendre
au défunt rappelé fictivement à la vie; enfin des formes mêmes
auxquelles comme nous le savons ce bénéfice se trouve subordonné et qui prouvent que ce même bénéfice tend immédiatement
à la reconstitution de *l'universum jus* du défunt et à la cessation absolue de la confusion.

Du résultat principal sus-indiqué découlent forcément plusieurs
effets particuliers. Nous nous bornerons à énoncer ici les conséquences prévues par les Textes dont les dispositions à cet égard
et aussi les développements législatifs qui accompagnent celles-ci
quelquefois, fournissent encore du moins en général plus d'un
argument implicite à l'appui du système que nous venons de présenter sur le caractère de la Séparation en Droit Romain. Ces
conséquences sont au nombre de trois :

1° Il ressort d'abord *à contrario* de la l.2. Dig. *De sep.* qu'une
fois l'exercice de la Séparation obtenu l'héritier qui comme nous
venons de le voir a perdu vis-à-vis des créanciers du défunt la
saisine héréditaire ne pourra plus ni administrer ni aliéner même
de bonne foi à leur détriment les biens compris dans le Patrimoine
du défunt et que cette saisine avait, on le sait, remis à son libre
arbitre; règle qui sera d'une application d'autant plus aisée que
la *missio in possessionem* dont comme nous l'avons vu la concession de l'exercice sus-mentionné sera toujours accompagné
viendra à raison de sa nature même d'une part enlever de fait à
l'héritier le maniement matériel de ces biens pour les confier à
la garde des créanciers du défunt ou plutôt selon toute probabilité à celle d'un curateur chargé de les détenir pour leur compte,
et d'autre part accorder à ces créanciers un *pignus prætorium*
qui pourvu d'un droit de suite suffira à lui seul abstraction faite
de tout autre moyen pour rendre complètement sans effet à l'é-

gard de ces créanciers l'aliénation que l'héritier serait tenté de faire des mêmes biens.

2° D'après une disposition formelle de la loi 1, Dig. *De sep.*, la concession de l'exercice de la Séparation qui prive ainsi que nous le savons au respect des créanciers du défunt l'héritier de la propriété des biens héréditaires, fait par voie de résultance disparaître à leur égard le gage que ses créanciers personnels y avaient acquis de son chef en vertu de la confusion, de telle sorte que les premiers n'ont plus à craindre sur ces biens redevenus fictivement ceux du défunt et par une suite immédiate leur garantie exclusive, l'action des ayant-cause de l'héritier ceux-ci fussent-ils privilégiés; (v. les §§ 1 et 4 de cette loi). Cette nouvelle conséquence du principe général plus haut exposé conséquence qui constitue la réalisation même du but pour lequel le bénéfice de Séparation a été introduit ne fera pas toutefois obstacle à ce que une fois les créanciers du défunt désintéressés à même les biens héréditaires ceux de l'héritier viennent agir sur le reliquat de ces mêmes biens (l. 3, § 2. Dig. *De sep.*), la saisine et avec elle la propriété de l'héritier fondement du gage ci-dessus mentionné n'ayant été ainsi que nous l'avons vu résolues par l'exercice de la Séparation que dans la limite des droits de ceux qui se sont fait concéder l'exercice en question.

3° Il dérive enfin de la décision expresse des lois 1, § 17, et 5. Dig. *De sep.* que les créanciers du défunt qui ont à tort cru l'héritier insolvable ne pourront après avoir épuisé dans l'exercice de la Séparation les biens héréditaires venir sur ceux de cet héritier soit pour y concourir avec les créanciers personnels de ce dernier soit même pour y prendre seulement le reliquat actif laissé par ceux-là; c'est qu'en effet ainsi que le font eux-mêmes remarquer les jurisconsultes Paul et Ulpien auteurs de ces lois la Séparation ayant en Droit Romain pour résultat essentiel de résoudre à l'égard des créanciers du défunt qui en ont obtenu l'exercice, l'investiture héréditaire et par là de leur rendre l'héritier complétement étranger, ces créanciers ne doivent pouvoir en aucune hypothèse recourir contre celui-ci. Sans doute cette conséquence de la nature de la Séparation va leur devenir funeste mais elle est forcée et de plus ne forme que la contre-partie des avantages que ce bénéfice eût été dans d'autres circonstances susceptible de leur procurer. Ils ne peuvent d'ailleurs imputer l'inconvénient qu'ils se trouvent ainsi éprouver qu'à eux-mêmes et au choix imprudent qu'ils ont fait entre les deux situations incompatibles à eux primitivement offertes à savoir celles de créanciers personnels de l'héritier ou de créanciers exclusifs du défunt. — A cette décision si logiquement motivée on sera peut-être tenté d'opposer jusqu'à un certain point la disposition du § 2 de la loi 3. Digeste *De sep.* par laquelle Papinien accorde, dans l'hypothèse que nous venons d'envisager, aux séparatistes le droit sinon de concourir avec les créanciers de l'héritier sur les biens propres de celui-ci au moins d'atteindre la portion de ces mêmes biens laissée libre par les réclamations de ces créanciers. Mais il est facile de reconnaître en l'examinant avec soin que cette disposition qui prise au sérieux et comme règle de droit irait jusqu'à faire suspecter l'exactitude du système que nous avons plus haut exposé sur la nature de la Séparation en Droit Romain, n'est présentée par son auteur qui ne l'appuie au surplus par aucun argument, que comme un tempérament d'équité d'une admissibilité d'ailleurs douteuse et nullement comme un résultat juridique susceptible de faire échec à la décision précédente laquelle reste la seule vraie au point de vue des principes.

Observons en terminant que malgré cette décision les créanciers du défunt pourront dans deux cas prévus par les lois 1 § 17 et 3 § 1. Dig. *De sep.*, quoiqu'ils aient réclamé l'exercice de la Séparation, agir pour le surplus de ce qui leur reste dû après l'épuisement des biens héréditaires, sur ceux de l'héritier et même y concourir avec ses ayant-cause personnels. Cela arrivera : 1° lorsque dans le cas ci-dessus envisagé ces créanciers se seront fait à raison d'une erreur invincible restituer contre l'obtention de cet exercice laquelle étant alors réputée non-avenue, ne pourrait plus leur être opposée 2° lorsqu'en toute hypothèse il sera question d'un créancier du défunt qui ayant originairement consolidé sa créance par l'intervention d'une caution a ensuite vu succéder à celle-ci le débiteur principal contre lequel il a voulu alors, comme il en avait nous le savons le droit, user du bénéfice de Séparation mesure qui ne saurait évidemment le priver de la faculté de recourir en tout état de cause sur les biens de ce débiteur qu'elle n'a pu affranchir à son égard puisque l'obligation de celui-ci ne résulte en rien de la saisine aujourd'hui rescindée. — Il suffira du reste d'un peu de réflexion pour comprendre que ces deux dernières solutions ne font en rien dérogation à la règle ci-dessus tracée par les lois 1, § 17, et 8. Dig. *De sep.*, puisqu'elles se placent nécessairement en dehors des principes qui ont dicté celles-ci.

IIᵉ PARTIE.

—

ANCIEN DROIT FRANÇAIS.

Le fondement de la Séparation était trop équitable et en même temps trop pratique pour que ce bénéfice fût repoussé par notre ancienne législation; aussi voyons-nous celle-ci malgré quelques résistances isolées l'accueillir avec empressement, non-seulement pour les pays de Droit écrit, mais encore pour les pays de Coutume à l'exception du Hainaut dont les chartes locales se trouvaient incompatibles avec son emploi. (Voir Merlin, Rép. vᵒ *Séparation des Patrimoines*, nᵒ 1.)

Aucun texte officiel n'étant dans la phase historique à laquelle nous sommes arrivés venu favoriser ou légaliser l'introduction de cette mesure que la doctrine et après elle la jurisprudence y avaient empruntée directement au Droit Romain, il en résultait que les dispositions édictées sur la matière par ce dernier devaient y servir de règle unique et c'est aussi ce que tous les esprits reconnaissaient sans difficulté (v. Lebrun, Successions, liv. 4, chap. 2, sect. 1, nᵒ 18); mais comme d'une part les dis-

6

positions en question froissaient en certains points des idées nou-
velles qui s'étaient alors fait jour, comme ensuite elles furent en
certains autres points le plus souvent mal comprises par ceux qui
étaient chargés de les répandre ou de les appliquer, il arriva que
tant dans les ouvrages des auteurs que dans les arrêts des tribunaux généralement unanimes à cet égard la Séparation de l'Ancien
Droit Français présenta avec celle de la législation romaine des
différences capitales que nous allons d'ailleurs ici nous borner
à signaler en renvoyant pour tout le reste et aux développements
exposés par notre Première Partie et aussi à ceux qui le seront
dans notre Quatrième.

Ces différences sont, d'après l'ordre de matière adopté pour
cette Première Partie, celles qui suivent :

1°.-D'abord l'institution dont nous nous occupons ne s'applique
plus, surtout dans les pays de Coutume, qu'à l'espèce prévue
par nos notions préliminaires, et si Lebrun (*l. cit.* n° 26) cite encore quelques autres cas de Séparation il ne le fait que par sou-
venir du Droit Romain et son exemple n'est imité par aucun auteur. Il va de soi que nous n'allons également nous occuper que
de cette même espèce.

2° La faveur accordée aux créanciers du défunt de pouvoir
dans l'espèce en question demander le bénéfice de Séparation
entraîne, dans l'Ancien Droit Français, pour les créanciers de
l'héritier la faculté réciproque de le réclamer lorsque leur intérêt
paraît l'exiger. Telle est l'opinion universellement admise (voir
Merlin, Rép. v° *sep. de Patr.*, n° 5, § 2). Il est vrai que quelques
jurisconsultes et notamment Lebrun (*loc. cit.*, n°s 16 et 17) s'étaient
efforcés de la déraciner en invoquant à l'encontre des considérations d'équité qui l'avaient motivée, et les raisons présentées sur
ce point par le Droit Romain et le danger d'une collusion de
l'héritier avec des créanciers fictifs ; mais leur voix n'avait pas
été écoutée et Espiard, l'annotateur de Lebrun, reprend lui-même

très-vivement ce dernier d'avoir ainsi voulu lutter contre les idées reçues.

3° La Séparation ayant ici, comme nous allons le voir plus loin, pour résultat principal non plus de rescinder l'adition d'hérédité laquelle continue au contraire en principe du moins de subsister dans toute sa force mais seulement de faire préférer sur les biens héréditaires les créanciers du défunt à ceux de l'héritier, il s'en suit que ce bénéfice peut être désormais exercé contre ces derniers et ne peut l'être que contre eux.

4° L'exercice de la Séparation d'abord soumis dans notre Ancien Droit à l'obtention de *lettres royaux* (v. Leprêtre cent. 1re chap. 75, n° 15) qui avaient jusqu'à un certain point remplacé le décret du Préteur lequel y était naturellement inconnu, peut bientôt (v. Argou Inst. du Droit Français, liv. 4, chap. 4) s'opérer sans cette formalité devenue d'une utilité douteuse du moment où la Séparation ne produit plus l'effet radical que nous lui avons vu réaliser à Rome. Cet exercice n'y est pas davantage, et cela à quelque époque que l'on se place, subordonné à un envoi en possession, mesure que l'ancienne législation française n'avait jamais en quelque circonstance que ce soit admise (Loyseau, Du Déguerpissement, liv. 5, chap. 1 et 2) et qui d'ailleurs ne s'y comprendrait guère dans notre matière le bénéfice dont nous nous occupons ne tendant plus à la reconstitution de *l'universum jus* du défunt dans son ensemble juridique et abstractif. — Maintenant comme aucune autre formalité n'est venue, une fois les lettres royaux tombées en désuétude, remplacer celles que le Droit Romain exigeait en pareil cas, il s'ensuit que l'exercice de la Séparation se produit en quelque sorte de plein droit (v. Basnage, Hypothèques, chap. 13; et Lebrun, *loc. cit.*, n° 24) c'est-à-dire en dehors de toute procédure spéciale. — Enfin il n'est plus nécessaire pour la possibilité de cet exercice de la présence d'une expropriation générale dirigée contre l'héritier et à laquelle l'exer-

cice dont il s'agit viendrait se greffer, il suffira que les biens laissés
par le défunt soient eux-mêmes près de disparaître des mains de
cet héritier pour que la Séparation se produise au profit des créanciers du défunt et leur permette d'invoquer le résultat ci-dessus
indiqué lequel se résumera naturellement en une collocation privi-
légiée sur ces mêmes biens (v. Dollinger, *op. cit.*, n° 29); c'est qu'en
effet le bénéfice en question ayant perdu le caractère radical que
nous lui avons vu revêtir dans la législation précédente ne devait
plus être envisagé avec autant de défaveur et entravé par autant
d'obstacles qu'il l'était sous cette dernière.

Voilà pour ce qui concerne l'exercice même du bénéfice de Séparation; à présent quant aux mesures conservatoires du droit
d'arriver plus tard à cet exercice ni la doctrine ni les arrêts ne
s'en occupant du moins directement, on serait peut-être tenté de
croire qu'elles ne sont pas plus ici que dans le Droit Romain admises par la législation; néanmoins nous croyons le contraire soit
en présence du caractère nouveau et plus favorable de ce bénéfice,
soit à cause de la latitude que l'esprit de l'Ancien Droit Français
offre à l'emploi de semblables précautions, soit enfin et surtout
à raison des allusions que certains auteurs font à leur usage dans
notre matière. Cela posé quelles étaient ces mesures? Nous pensons que sur ce point tout dépendait des circonstances mais que
l'on devait en tout état de cause s'y prendre autant que possible
de manière à ne pas trop gêner les mouvements de l'héritier dont
la Séparation respectera désormais la saisine.

5° La prescription de cinq ans admise comme on l'a vu par le
Droit Romain ne s'applique plus, à raison de son incompatibilité
avec les dispositions des diverses Coutumes, à l'exercice de la
Séparation lequel peut ici s'effectuer tant que dure la créance du
séparatiste (v. un arrêt du 24 novembre 1688 rendu par le Conseil
d'Artois). Hâtons-nous toutefois d'ajouter que les pays de Droit
écrit et la Belgique française avaient à ce sujet conservé les règles

tracées par le Digeste avec cependant cette modification due à l'introduction de la maxime *le mort saisit le vif* que le délai de cinq
ans devait se calculer non plus à partir de l'adition mais à compter
de l'ouverture de la succession (v. un arrêt du Conseil de Ma-
lines du 7 décembre 1714).

6° La disposition de la loi 2. Dig. *De sep.* qui déclare cet
exerc'ce impossible quand la succession a été vendue par l'héritier se trouve désormais restreinte dans son application, grâce à
un principe nouveau qui ne nous paraît pas avoir été admis à
Rome à savoir que la Séparation peut atteindre non-seulement
les objets héréditaires mais encore le prix de ces mêmes objets.
(V. Voet, *in tit. de sep. Dig.*, n° 4.)

7° Enfin la Séparation, ainsi que nous l'avons déjà annoncé, ne
produit plus l'effet radical de rescinder la saisine et de reconstituer l'*universum jus* du défunt. L'héritier demeure toujours le
représentant de celui-ci; leurs patrimoines restent confondus et
le résultat principal de ce bénéfice se réduit au moyen d'une distinction non plus de ces patrimoines eux-mêmes mais seulement
des éléments individuels qui y correspondent respectivement à
faire préférer sur les biens héréditaires les créanciers du défunt
à ceux de l'héritier, et cela en vertu d'une sorte de privilége qui
appartient aux premiers à compter du décès de leur débiteur.
(V. Pothier, *Success.*, chap. 5, art. 4. — Lebrun, *loc. cit.*, n° 28).

De ce caractère nouveau de la Séparation qui comme il est facile de le voir fait consister l'effet capital de celle-ci dans la réalisation même de son but caractère qui paraît avoir été déduit
tant de certaines considérations de justice que de la maxime *semel
heres semper heres* et surtout d'une mauvaise interprétation de la
loi 3, § 2. Dig. *De sep.* prise non plus comme un tempérament
d'équité mais bien comme une règle de droit positif, découlent
deux conséquences que le Droit Romain n'avait pas admises, à
savoir :

1° Que l'héritier conservera toujours du moins en principe l'administration des biens héréditaires que son investiture lui avait confiée.

2° Que les créanciers du défunt pourront, une fois ces biens épuisés par l'exercice de la Séparation, recourir pour ce qui leur resterait encore dû, sur la fortune de l'héritier que la saisine a rendu leur débiteur et qui n'a jamais cessé de l'être pour cette cause. Toutefois par une restriction équitable qui se concilie d'ailleurs parfaitement avec le droit pour les créanciers de l'héritier de réclamer eux-mêmes quand ils y ont intérêt le bénéfice en question, les premiers n'auront la faculté de venir sur cette fortune de l'héritier qu'après l'acquittement intégral des obligations personnelles de ce dernier (v. Pothier, *loc. cit.*).

Remarquons en terminant que si la Séparation ne présente plus ainsi dans notre ancienne législation française le caractère radical que nous lui avons vu offrir dans le Droit Romain, elle est en revanche sous la législation en question susceptible de produire avant d'être exercée certains effets au moyen des mesures conservatoires plus haut mentionnées, mesures repoussées comme nous l'avons observé par le législateur de Rome.

IIIᵉ PARTIE.

DROIT INTERMÉDIAIRE.

Le seul monument législatif qui se soit dans cette Troisième période historique occupé du bénéfice que nous étudions est la loi du 11 brumaire de l'An VII sur le régime hypothécaire, dont l'article 14 est ainsi conçu :

« Les créanciers ayant Privilége ou Hypothèque sur un im-
» meuble peuvent le suivre en quelques mains qu'il se trouve
» pour être colloqués dans l'ordre suivant : . . . .
» . . . . Le tout sans préjudice du droit qu'ont
» les créanciers et légataires des personnes décédées de deman-
» der la distinction et la Séparation des Patrimoines conformé-
» ment aux lois. »

Comme on le voit, aucune innovation n'est ici faite aux règles admises à ce sujet dans la période précédente lesquelles conservent leur pleine vigueur. C'est donc à ces règles qu'il faut uniquement se reporter pour savoir quels sont dans la présente législation les principes de la matière.

IVᵉ PARTIE.

—

LÉGISLATION ACTUELLE.

(Art. 878-881, 2111 et 2113 C. N.)

A la différence de l'Ancien Droit Français la législation actuelle, qui est ici celle du Code Napoléon, renferme sur la matière que nous traitons quelques dispositions expresses fort incomplètes du reste et empruntées pour la plupart soit au Droit Romain soit à notre ancienne jurisprudence. Nous avons maintenant à présenter l'exposé et le développement de ces dispositions; mais avant d'en arriver là nous observerons que dans cette dernière Partie de notre travail de même que dans celles qui précèdent nous ne nous occuperons que de l'espèce décrite par notre préambule la seule qui offre une véritable utilité pratique et la seule que prévoient les Textes du Code, en admettant ce qui nous paraît d'ailleurs fort contestable (v. Massé et Vergé sur Zachariæ, nᵒ 650, note 49) que ce dernier comprenne implicitement d'autres cas de Séparation des Patrimoines.

Cela posé nous répondrons aux sept questions suivantes : 1ᵒ Qui peut demander le bénéfice de Séparation ? 2ᵒ Contre qui peut-on le demander ? 3ᵒ Sur quels biens porte-t-il ? 4ᵒ En quelles formes

7

est-il demandé ? 5° Quelles sont les déchéances du droit de l'exercer? 6° Quelle est sa nature et quels sont ses effets? et 7° Quelle est l'influence de l'acceptation bénéficiaire et de la vacance de la succession sur l'institution dont il s'agit ?

—

§ Iᵉʳ.

Qui peut demander la Séparation des Patrimoines ?

Aux termes de l'article 873 du Code N. qui s'occupe de ce point, le droit dont il s'agit appartient tout naturellement en premier lieu aux créanciers du défunt, et cela ajoute le Texte, dans tous les cas.

Ce Texte étant expressément général et la raison théorique de décider étant d'ailleurs partout la même il n'y a pas ici de distinction à établir entre les créanciers en question.

Ainsi :

Peu importe la cause de la créance; qu'elle dérive d'un contrat gratuit ou onéreux, d'un quasi-contrat d'un délit ou d'un quasi-délit; dans tous ces cas la demande en question sera recevable.

Peu importe aussi la forme du titre qui constate cette créance; il n'est pas nécessaire qu'il soit authentique, un acte sous seing suffira.— Et même le créancier qui n'ayant primitivement aucun titre ne pourra s'en procurer un à temps sera cependant fondé sinon à exercer le bénéfice dont il est cas (v. les art. 660 et 754 du Code de Procéd.) du moins à prendre toutes les mesures con-

servatoires du droit d'arriver plus tard à cet exercice, pourvu
toutefois qu'il ait du moins en général eu le soin de s'y faire autoriser dans une ordonnance rendue sur requête par le Président
du tribunal (Arg'., art. 558 et 909 du Code de Procédure) et
sauf à régulariser ensuite sa position en obtenant une condam-
nation contre l'héritier (v. sur ce dernier point M. Dufresne,
Traité de la Séparation des Patrimoines, nos 8 et 69. M. Demolombe, Successions, t. 5, n° 106.— MM. Chauveau et Glandaz,
Formulaire de Procédure, n° 953).

Il n'y a pas non plus à examiner pour accorder la Séparation
s'il s'agit d'un créancier chirographaire du défunt ou d'un créancier hypothécaire. Sans doute ce dernier n'aura souvent à raison
de la garantie spéciale qu'il s'est procurée aucun besoin de recourir à cette Séparation pour assurer et obtenir le remboursement de ses droits. Mais, d'une part ce n'est pas là un motif valable
pour lui refuser en principe un bénéfice que lui assure incontestablement la généralité du Texte précité, et d'autre part il est
possible qu'en fait ce créancier ait un intérêt réel à le demander,
c'est ce qui arrivera : d'abord si son hypothèque insuffisante d'ailleurs en elle-même ne portant que sur une partie des biens héréditaires il veut écarter de l'autre portion de ces biens les créanciers de l'héritier dont il y redoute avec raison l'action ; ou bien
si abstraction faite de ces circonstances il veut obtenir à l'encontre
de ces mêmes créanciers un droit de préférence quand à des intérêts non garantis par son inscription ; en troisième lieu si en dehors des deux précédentes situations il désire écarter des biens
sus-mentionnés où celui-ci viendrait nécessairement en vertu de
la confusion l'y primer, un créancier de l'héritier pourvu soit
d'un privilége général soit, quoique ce dernier point ait été vivement mais à tort croyons-nous contesté, d'une hypothèque générale antérieure en date à celle du séparatiste. (V. MM. Demolombe,
Successions, t. 5, n° 107, et Dufresne, Traité de la Séparation des

Patrimoines, n° 9.) — Maintenant ce que nous venons do dire des créanciers hypothécaires du défunt s'appliquera *mutatis mutandis* aux créanciers privilégiés de ce dernier.

De même le bénéfice de Séparation appartient aussi bien aux créanciers à terme qu'aux créanciers purs et simples.

Il appartient également aux créanciers conditionnels sauf à ceux-ci de n'obtenir lorsqu'il s'agira pour eux d'exercer ce bénéfice qu'une collocation éventuelle dont le montant sera remis sur caution dans les mains des créanciers de l'héritier (v. Pothier, Success. *loco suprà cit.* — M. Demol. Succes. t. 5, n° 108).

Enfin et comme dernière application le créancier qui se trouve en même temps héritier pour partie du défunt pourra à l'égal de tout autre demander, quant à la fraction de sa créance originaire non confondue par son acceptation, la garantie dont nous nous occupons (Dufresne, ib. n° 13).

Il est maintenant à propos de remarquer que le bénéfice de Séparation qui compète ainsi aux créanciers du défunt leur compète individuellement de telle sorte que, d'une part chacun d'eux sera libre de le réclamer malgré l'abstention des autres créanciers où leur impossibilié d'agir, et que d'autre part la demande qu'il aura formée à cet égard ne profitera qu'à lui seul ; solution déjà vraie du moins en partie à Rome, ainsi que nous l'avons vu et que la nature essentiellement individuelle, comme nous le constaterons plus loin, de la Séparation sous le Code Napoléon ne saurait permettre de révoquer en doute dans cette dernière législation.

Observons en outre que d'accord sur ce point avec la loi Romaine et repoussant en cela les traditions de l'Ancien Droit Français le législateur actuel refuse aux créanciers de l'héritier le bénéfice de Séparation. C'est ce qui résulte de la disposition formelle de l'art. 881 du Code N.

La Séparation peut en second lieu être demandée par les légataires du défunt pour lesquels, nous le savons, existent à peu près les mêmes motifs de la leur accorder. L'article 878 garde il est vrai sur ces légataires un silence complet mais l'art. 2111 vient réparer cet oubli en les mettant quant à cette demande sur la même ligne que les créanciers du défunt. Il résulte de ce Texte et de cette assimilation que toutes les règles du sujet dans l'énoncé desquelles nous ne mentionnerons encore ici, pour plus de simplicité, que ces derniers, s'appliqueront aussi en général à ces légataires avec toutefois cette observation sanctionnée par la Loi Romaine et consacrée implicitement par notre Code (Arg¹, art. 809) que lorsque viendra pour ces mêmes légataires le moment de se faire payer aux dépens des biens héréditaires ils devront laisser venir avant eux les créanciers du défaut dont les droits sont naturellement préférables aux leurs (v. M. Demol. ib. n° 122).

—

§ II.

Contre qui la Séparation peut-elle être demand e ?

Avant d'aborder ce nouvel ordre d'idées nous observerons que ainsi que nous l'avons déjà d**dans notre Première Partie l'expression *Demande en Séparation* est naturellement complexe et s'applique collectivement à l'exercice du bénéfice dont il s'agit aux formalités spéciales que peut exiger cet exercice et aux mesures conservatoires du droit d'y arriver plus tard, et que si aucune distinction ne doit à Rome quant au point qui nous occupe actuellement être faite entre ces divers éléments il en est, ainsi qu'on le reconnaîtra tout à l'heure, autrement dans notre droit actuel (v. M. Demolombe, *op. cit.* n°s 117 et 138) où notre question se décompose par suite en trois autres qu'il nous fait envisager successivement.

Et d'abord contre qui la Séparation peut-elle s'exercer?

Le caractère que revêt ce bénéfice sous le Code Napoléon va à lui seul nous donner la solution de ce premier point. En effet la Séparation ayant aujourd'hui comme sous notre ancienne jurisprudence pour résultat principal non pas de rescinder la saisine qui au contraire subsiste en tout état de cause mais seulement de fournir quant à l'actif héréditaire aux créanciers du défunt un droit de préférence sur les créanciers de l'héritier, il s'en suit que l'exercice en question pourra ici se produire contre ces derniers et ne pourra même se produire que contre eux sans jamais atteindre du moins directement la personne de l'héritier; c'est aussi ce qui ressort si l'on a soin de remarquer que le terme de demande en Séparation y est évidemment pris, comme cela a souvent lieu dans la pratique, pour celui d'exercice de la Séparation, des articles 878 et 2111 du Code N. qui en déclarant le premier que les créanciers du défunt peuvent demander cette Séparation contre les créanciers de l'héritier et le second que les créanciers qui la demandent aux termes de l'article 878 du Code N. conservent à l'égard des créanciers de l'héritier leur droit de préférence au moyen d'une inscription prise au Bureau des Hypothèques viennent confirmer une solution qui eût pu à la rigueur se passer d'un texte spécial. (Dufresne, *op. cit.*, n°s 6 et 35. — Aubry et Rau, sur Zachariæ, § 619, n° 5. — M. Demolombe, n° 117.)

Nous venons de dire que la Séparation peut et doit être ici exercée contre les créanciers de l'héritier; ajoutons qu'elle peut l'être contre tous ces créanciers quels qu'ils soient. Nous en trouvons à cet égard une disposition formelle dans l'article 878 précité qui déclare que la Séparation peut être demandée contre tout

créancier. Peu importe donc que ces créanciers soient majeurs
ou mineurs, chirographaires ou hypothécaires et privilégiés; ils
seront dans tous les cas primés par ceux du défunt dont la situation vis-à-vis des biens héréditaires sera en effet toujours plus
favorable que celle des créanciers de l'héritier si respectables que
soient d'ailleurs les droits de ceux-ci. Tel est le principe général,
nous verrons toutefois bientôt qu'il est susceptible de recevoir
dans certains cas d'importantes exceptions.

Observons ici qu'il n'est nullement nécessaire que l'exercice de
la Séparation s'effectue à la fois contre tous les créanciers de
l'héritier et que rien ne s'oppose à ce que ceux qui y procèdent
en affranchissent à leur gré quelques-uns de ces créanciers. C'est
là une conséquence naturelle du principe plus haut énoncé que
dans notre Droit actuel l'exercice précité s'adresse directement à
ces mêmes créanciers, conséquence qui d'ailleurs ne présente rien
d'inique au respect des créanciers non exonérés de cet exercice puisque loin de leur nuire la restriction ainsi mise à ce
même exercice va forcément leur profiter en soulageant partiellement les biens propres de leur débiteur.

Il nous reste à présent à faire remarquer sur ce premier point
de notre discussion que tout ce que nous venons de dire des créanciers de l'héritier s'applique par la force des choses aux créanciers de tout successeur dans la personne duquel se sera opérée
en vertu de son titre successif la confusion de Patrimoines à laquelle le bénéfice dont nous nous occupons a pour but général de
porter remède, ou en d'autres termes de tout représentant du défunt. C'est en effet ce qui résulte des termes mêmes de l'art. 2111
du Code N.

Maintenant contre qui pourront être remplies les formalités à
l'accomplissement desquelles l'exercice de la Séparation serait
subordonné?

Cette question qui suppose résolue par l'affirmative la difficulté que nous examinerons bientôt de savoir si dans notre législation actuelle l'exercice du bénéfice de Séparation se trouve soumis à une procédure spéciale, reçoit naturellement et par voie de conséquence forcée une réponse analogue à la solution principale donnée sur le point qui précède. Il est en effet bien évident que si la Séparation comme nous l'avons établi peut et doit s'exercer contre les créanciers du défunt c'est aussi contre les créanciers et uniquement contre eux, l'héritier leur débiteur ne pouvant d'ailleurs rationnellement en pareille circonstance se trouver sous le Code fondé à les représenter, que seront dirigées les formalités dont nous venons de parler. (V. Dufresne, n° 35.)

Enfin contre qui pourront être prises les mesures conservatoires du droit d'arriver plus tard à cet exercice?

Ces mesures qui, comme nous l'établirons prochainement, sont parfaitement recevables aujourd'hui peuvent selon nous être prises soit contre les créanciers de l'héritier soit contre l'héritier lui-même. Qu'elles puissent l'être contre les premiers cela ne paraît souffrir aucune difficulté et nous n'avons pas ici à prouver une proposition véritablement incontestable. Mais qu'elles puissent être dirigées contre l'héritier auquel la Séparation doit du moins en principe rester étrangère voilà ce qui est moins facile à admettre ; cependant on n'hésitera pas à adopter encore sur ce second point l'affirmative si l'on réfléchit que d'une part en fait c'est contre cet héritier seulement que, à raison soit de la détention qu'exerce celui-ci des biens du défunt soit de l'absence momentanée de créanciers connus de ce même héritier, les mesures en question sont la plupart du temps matériellement praticables, et que d'autre part en Droit s'il est vrai que l'héritier se trouve ici sans titre pour défendre en son nom propre à ces mesures il peut du moins et cela d'après le Droit Commun le faire valablement en sa qualité de représentant de ses créanciers qualité qui ne saurait disparaître en cette circonstance comme lorsqu'il s'agit de

—57—

l'exercice même du bénéfice de Séparation (voir M. Demolombe,
op. cit., n°⁸ 115 et 144. MM. Chauveau et Glandaz, *op. cit.*,
formule 954).

—

§ III.

Sur quels biens la Séparation peut-elle porter ?

Ce bénéfice ayant sous le Code Napoléon comme dans les législations précédentes pour but essentiel et par suite pour effet nécessaire de rétablir au profit des séparatistes le gage que ceux-ci
possédaient au moment du décès de leur débiteur sur l'actif de
ce dernier, il en dérive forcément que la Séparation y pourra
atteindre les biens laissés par celui-ci ; telle est d'ailleurs la décision formelle de l'art. 878. Maintenant comme le gage précité est
naturellement général et que d'ailleurs la raison de décider est
partout la même il en résulte que la Séparation pourra sous le
Code, encore qu'il n'y soit plus question de reconstituer l'*universum jus* du défunt, s'étendre à tous les biens dont il s'agit ;
c'est aussi ce qui ressort du terme *Patrimoine* employé dans l'article sus-mentionné terme qui ayant ici perdu sa signification
scientifique n'en confirme pas moins par l'usage qu'en fait le législateur la proposition que nous venons d'émettre en deuxième
lieu et que Lebrun (*loc. cit.*, n° 24) acceptait déjà pour notre
Ancien Droit Français.

Cette deuxième proposition étant absolue il n'y a aucune distinction à établir quant au point qui nous occupe actuellement
entre les biens ci-dessus mentionnés.

Peu importe donc à cet égard qu'il s'agisse de meubles ou
d'immeubles, d'objets corporels ou de choses incorporelles ; dans

8

tous les cas la Séparation atteindra les biens dépendant de la succession du *de cujus*.

Et ce n'est pas seulement à ces biens eux-mêmes que ce bénéfice ainsi s'appliqua, il s'étendra en outre aux fruits qu'ils auront produits depuis le décès de ce *de cujus* et qui en forment l'accessoire naturel. C'est ce que proclamait jadis pour l'Ancien Droit Lebrun (*loc. cit.*, n° 24) et c'est ce que décident pour notre législation actuelle MM. Dufresne (n° 118) et Demolombe (*op. cit.*, n° 132) ainsi qu'un arrêt de la Cour de Caen du 26 février 1840. (V. en sens contraire un arrêt du Parlement de Paris du 16 février 1804 et M. Grenier, Hypothèques, t. 2, n° 436.)

De plus la Séparation comprendra, à l'égal des biens en question supposés jusqu'ici toujours restant aux mains de l'héritier, le prix encore dû et non délégué de ces mêmes biens vendus par cet héritier postérieurement à l'ouverture de la succession et avant la demande formée par les créanciers du défunt. C'est là un résultat que le Droit Romain semble il est vrai repousser mais que l'Ancien Droit Français (v. Lebrun, n° 22) et après lui la doctrine (v. M. Dufresne, n° 46) et la jurisprudence (v. un arrêt de la Cour de Nîmes du 21 juin 1852) modernes se sont empressés d'accueillir, et cela avec grande raison, croyons-nous; car à part l'utilité pratique de cette solution et le remède souvent efficace qu'elle apportera aux actes de disposition du successeur, elle repose sur deux principes juridiques d'une exactitude incontestable à savoir : d'abord sur l'axiome *in judiciis universalibus res succedit loco rei* d'après lequel dans toutes les actions universelles au nombre desquelles la Séparation vient naturellement se ranger le prix se substitue à la chose vendue et la remplace exactement, et ensuite sur cette autre règle que si les privilèges parmi lesquels nous le savons déjà et nous le verrons mieux plus loin la Séparation peut et sous notre Ancien Droit Français et dans la législation actuelle du moins jusqu'à un certain point être comptée

affectent la chose même sur laquelle ils portent, c'est en réalité sur
le prix de cette chose qu'ils doivent s'exercer au profit de leurs
titulaires. — Il est du reste bien évident d'après les principes
mêmes de la matière que si le prix dont il s'agit avait été ou reçu
par l'héritier et ainsi confondu avec ses autres biens ou délégué
par lui la solution qui précède ne pourrait plus recevoir d'application. (V. arrêt, C. cass. du 28 avril 1840.)

Le premier des deux motifs qui viennent à l'appui de cette
dernière solution nous porte à penser avec M. Dufresne (n° 48)
que la Séparation ira frapper les biens reçus dans le même inter-
valle par l'héritier en échange des valeurs héréditaires.

Observons maintenant que si la Séparation qui peut, comme
nous venons de le voir, embrasser tous les biens laissés par le
défunt ainsi que les accessoires qui s'y rattachent et les choses
qui leur sont subrogées, pourra aussi au gré des créanciers qui
la demandent ne porter que sur quelques-uns de ces objets.
C'est là une conséquence forcée de la nature individuelle de ce
bénéfice dans notre Droit moderne.

Remarquons enfin que si le bénéfice en question est ainsi susceptible d'atteindre tous ces biens il ne peut jamais en revanche
en atteindre d'autres. C'est là un point trop évident pour avoir
besoin d'être démontré.

—

§ IV.

En quelles formes la Séparation est-elle demandée ?

Cette question, nous l'avons déjà vu dans notre Première Partie,
se décompose par le fait en deux savoir : 1° A quelles formalités

spéciales l'exercice de la Séparation est-il soumis ? 2° Quelles sont les mesures conservatoires du droit d'arriver plus tard à cet exercice supposé actuellement impraticable ? C'est peut-être, ainsi que le remarque M. Demolombe (*op. cit.*, n° 138), pour n'avoir pas su nettement distinguer ces deux points si différents cependant entre eux que la doctrine et la jurisprudence sont ici tombées dans les erreurs et les contradictions que nous allons avoir tout à l'heure l'occasion de signaler.

Et d'abord à quelles formalités le bénéfice en question est-il soumis ?

La réponse à cette première question nous paraît des plus simples. Nous pensons en effet qu'aucune procédure particulière et notamment aucune action en justice ne sauraient jamais être ici exigées; et voici les raisons que nous apportons à l'appui de cette opinion : Il est en premier lieu constant que dans notre Ancien Droit Français l'exercice de la Séparation s'opérait *ipso jure* c'est-à-dire abstraction faite de toute formalité spéciale; or il est bien certain que si les rédacteurs du Code Napoléon eussent entendu changer cet état de choses, ils l'auraient expressément déclaré ce qu'ils se sont gardés de faire, et le Code de Procédure aurait de son côté attesté cette modification par des dispositions formelles tandis qu'il ne contient aucun texte qui y fasse seulement allusion. En second lieu qu'est-ce que la Séparation dans notre législation actuelle ? Rien autre chose ainsi que nous le constaterons qu'une sorte de privilège dont l'exercice se réduit naturellement à une collocation par préférence, et même qu'un véritable privilège; cela étant pourquoi ce droit ne s'y exercerait-il pas par les mêmes moyens que les autres privilèges c'est-à-dire par une simple production motivée dans les ordres et les distributions ouverts à la suite de la vente des valeurs héréditaires, sauf bien entendu pour les séparatistes à obtenir comme en pareille circonstance les titulaires de tout privilège un jugement dans le cas où ils ver-

raient s'élever contre leurs réclamations des contredits mal
fondés ? Pourquoi lorsque le Droit Commun suffit exiger une Procédure exceptionnelle Procédure qui d'ailleurs, et cette considération formera notre troisième argument, entraînerait souvent des
frais énormes puisque ainsi qu'on l'a vu elle devrait se diriger
contre les divers créanciers de l'héritier sans pouvoir se restreindre à la personne de celui-ci. (V. en ce sens M. Demolombe *ib.*
n° 139.)— Tel n'est pas cependant le système admis, en général
du moins, par les auteurs et les arrêts qui s'accordent presque
tous à réclamer ici une action en justice suivie d'une sentence
concédant l'exercice de la Séparation. Seulement, d'une part,
tandis que les uns le décident ainsi d'une manière absolue (voir
Aubry et Rau, sur Zachariæ, tome 5, *page* 220), d'autres (v. not.
Dufresne, *op. cit.* n°ˢ 31 et 71 et un arrêt de la Cour de Paris
du 31 juillet 1852) semblent on n'en peut trop deviner la raison
restreindre cette solution au mobilier héréditaire; et dans un
autre ordre d'idées, lorsque certains d'entre eux (v. MM. Aubry et
Rau, tome 5, *page* 212 et un arrêt de la Cour de Poitiers du 8
août 1828) restant à cet égard fidèles aux principes veulent que
l'action dont il s'agit soit intentée contre les créanciers de l'héritier, la plupart (v. MM. Chauveau et Glandaz, *op. cit.* n° 955,
note 3, et l'arrêt précité de la Cour de Paris) effrayés des frais
considérables qu'une pareille condition occasionnerait admettent
que cette action pourra s'intenter uniquement contre l'héritier réputé alors représenter tous ses créanciers présomption qui comme
on l'a vu précédemment est de tous points inadmissible. — Cette
seconde doctrine qui d'ailleurs, on le voit, se combat elle-même
se trouve suffisamment réfutée par les arguments ci-dessus présentés à l'appui de la première. Il est vrai qu'à ces arguments
elle oppose, et c'est là sa seule raison de décider, le terme de
demande en Séparation employé comme nous le savons par les
art. 878 et 2111 Code Napoléon, terme qui selon elle indiquerait

la nécessité ici d'une action en justice; mais il est évident que cette objection, à part sa faiblesse intrinsèque, ne saurait en rien dans la réalité des choses faire échec à l'opinion par nous admise, puisque, ainsi que nous l'avons vu, le mot demande en Séparation a dans la pratique une signification complexe qu'il se prend souvent pour l'exercice même du droit dont il s'agit et que c'est en effet en ce sens que le législateur actuel suivant du reste en cela l'exemple des anciens auteurs français s'en est servi dans les articles dont on nous oppose ainsi le Texte.

Nous avons dit plus haut que l'exercice de la Séparation s'opérera moyennant une production motivée aux états d'ordre ou de distribution par contribution; ajoutons sur ce point : 1° Que cette production ne sera sous le Code N. pas plus que dans l'Ancien Droit Français dont le premier n'a pas abrogé à cet égard non plus les règles, subordonnée à une expropriation générale de la fortune de l'héritier et qu'il suffira pour sa recevabilité de la mise en vente volontaire ou forcée de la totalité ou de portion des biens du défunt. 2° Qu'en revanche cette même production devra, puisqu'elle tend à réaliser un véritable privilège, s'effectuer à peine de déchéance conformément au Droit Commun, dans les délais ordinaires tels qu'ils sont fixés par les articles 660 et 784 du Code de Procédure. Nous ne saurions donc en rien admettre avec M. Chauveau (Commentaire de la loi du 21 mai 1858, quest. 2858) qu'en ce qui concerne l'ordre les créanciers séparatistes non inscrits au moment de son ouverture mais qui ont pris inscription pendant sa durée et dans les six mois à partir du décès de leur débiteur puissent, une fois les quarante jours de l'article 784 précité expirés et même après la clôture de l'ordre dans lequel ils ont totalement négligé d'intervenir, être reçus à faire valoir leurs droits par voie d'exclusion ou même de répétition à l'encontre des créanciers de l'héritier qu'ils auront ainsi laissé colloquer à leur place. C'est là du reste un point qui se com-

prendra mieux par les développements qui vont suivre. 3° Qu'au
surplus la production dont il s'agit ou plutôt la demande en collocation qui en constitue l'élément principal pourra parfaitement
s'effectuer sur l'appel du jugement tranchant un contredit où
les créanciers de l'héritier auront en première instance contesté
aux créanciers du défunt la priorité que ceux-ci y réclamaient
pour une autre cause; il s'agit là en effet moins d'une demande
nouvelle que d'un moyen nouveau parfaitement recevable devant
le deuxième degré de juridiction (v. Cass. 8 nov. 1815).

Maintenant quelles sont les mesures conservatoires du droit
d'arriver plus tard à cet exercice ?

On conçoit facilement l'importance de ces mesures pour les
créanciers séparatistes. Il se peut en effet, d'une part que l'exercice de la Séparation soit momentanément impossible, par exemple parce que aucun créancier de l'héritier ne venant saisir les
biens de la succession que ce dernier n'a d'ailleurs pas encore
aliénés les créanciers du défunt ne peuvent eux à raison de la non
exigibilité ou de la conditionnalité de leurs titres prendre l'initiative des poursuites et se faire dès actuellement colloquer sur
ces biens; et d'autre part que ces mêmes créanciers aient en fait
à craindre soit la prescription dont nous parlerons ci-après soit
la confusion irréparable des valeurs héréditaires soit les aliénations ou les affectations qu'en pourrait consentir l'héritier resté
pleinement saisi des valeurs successorales, circonstances qui,
comme nous le reconnaîtrons bientôt, seraient toutes plus ou moins
exclusives de l'exercice de la Séparation lequel d'après ce qu'on
a vu appartient cependant en principe et même sauf ce que nous
observerons plus loin en ce qui regarde les immeubles héréditaires de plein droit aux créanciers précités. Il sera donc en pareille occurrence précieux pour ces derniers de prendre certaines
mesures destinées à les protéger contre les inconvénients que nous
venons de signaler. Cela posé, quelle sera la nature de ces me-

suros? C'est ce qu'il nous faut de suite examiner. Distinguons à
cet égard pour plus de clarté entre les immeubles et les meubles
laissés par le défunt.

En ce qui concerne d'abord les premiers relativement auxquels
la troisième des éventualités sus-mentionnées est à vrai dire
ainsi qu'on le verra plus loin et ainsi que cela résulte de la nature même des choses l'unique à sérieusement redouter, le Code a
dans l'intérêt des séparatistes et pour les garantir contre cette
même éventualité et aussi dans un intérêt absolu de publicité auquel aucune des législations précédentes pas même la loi du 11
brumaire de l'An VII rédigée cependant en principe dans ce même
intérêt n'avait songé à donner ici satisfaction, indiqué et en même
temps, nous le verrons mieux bientôt, imposé à peine de déchéance
comme il le fait du reste en général pour tout privilège immobilier,
une formalité spéciale jouant ainsi à la fois les deux rôles dont le
premier nous occupe seul spécialement pour l'instant de mesure
conservatoire et de condition d'existence du privilège; à savoir une
inscription hypothécaire laquelle doit en cette matière être prise
dans les six mois à partir du décès du *de cujus* (v. l'art. 2111)
dernière injonction dont comme nous le reconnaîtrons l'observation est d'une grande importance au point de vue du droit de préférence que cette inscription assure aux créanciers du défunt (v.
l'art. 2113) mais n'en possède aucune, pourvu toutefois que l'inscription en question ait été prise avant une époque que l'on va
ci-après fixer, à l'égard du droit de suite que cette même inscription confère ainsi que nous le prouverons plus tard aux créanciers
précités.

Plusieurs remarques doivent être ici faites au sujet de cette
inscription, remarques qui d'ailleurs ont une portée générale et
ne se restreignent pas au point particulier qui nous occupe actuellement.

La première qui se présente est que puisqu'il s'agit ici d'un

véritable privilége l'inscription en question devra pour sa réalisation satisfaire aux conditions prescrites par le Droit Commun
dans les articles 2148 et 2150 du Code Napoléon auxquels d'ailleurs l'article 2111 renvoie incontestablement pár le silence presque absolu qu'il garde à cet égard (v. M. Dufresne, n° 70 et le
Dictionnaire du notariat, dernière édition, v°. Inscription hypothécaire, formule 13); c'est donc à tort qu'un arrêt de la Cour de
Riom du 7 juillet 1851 a décidé qu'une inscription ne contenant
ni la nature du titre ni la date de son exigibilité pourrait être ici
recevable, et qu'un arrêt de la Cour de Nîmes du 10 février 1829
a déclaré qu'il n'y a dans cette inscription nulle nécessité de
spécialiser les immeubles héréditaires doctrine qui d'un autre
côté se trouve en contradiction flagrante avec le Texte même de
l'article 2111 lequel exige formellement que l'on s'inscrive sur
chacun des dits immeubles.

Remarquons en deuxième lieu que cette inscription devra,
comme en général toutes celles qui garantissent les priviléges, et
alors même que le délai de six mois dont on a parlé plus haut ne
serait pas encore expiré être prise avant la transcription du contrat d'aliénation ou du jugement d'adjudication des immeubles
héréditaires dans le cas où ces immeubles viendraient à être
aliénés par l'héritier ou saisis sur celui-ci. Cela est d'abord évident en ce qui concerne le droit de suite dont nous avons déjà parlé
(v. l'art. 6 de la loi du 23 mars 1855 et l'art. 717 modifié du
Code de Procédure); c'est également certain quant au droit de
préférence sus-mentionné, le droit de préférence ne pouvant jamais en principe du moins (v. M. Mourlon, Examen critique,
n° 281. M. Houyvet, Traité de l'ordre, n° 38; et M. Ollivier, Commentaire de la loi du 21 mai 1858, n° 234) survivre à l'extinc-
tion du premier et d'ailleurs une inscription sur un immeuble
désormais affranchi de tout privilége non encore inscrit étant
(v. M. Troplong, Traité des priviléges et hypothèques, n° 317)

chose difficile à concevoir. (V. en ce sens M. Demolombe, n° 201.
— Et en sens contraire, du moins pour l'hypothèse où la transcription a eu lieu avant le délai de six mois précité, MM. Aubry
et Rau, *op. cit.* p. 222 et 223. - V. aussi à ce sujet M. Blondeau,
Traité de la Séparation des Patrimoines, *p.* 480, notes 1 et 2; et
la loi belge du 16 décembre 1851, art. 39).

Notons enfin en troisième lieu que cette inscription ne saurait
ainsi que cela résulte et des termes impératifs de l'art. 2111 et
des principes fondamentaux du système hypothécaire actuel auquel le bénéfice de Séparation se rattache complètement être rem-
placée, quant aux effets que nous avons déjà indiqués par aperçu
et que nous exposerons plus amplement dans la suite, par aucune autre formalité (conf. C. cass. du 5 mai 1831); mais qu'en
revanche une fois prise régulièrement cette même inscription suffira à elle seule pour produire les effets dont il s'agit, et qu'il n'est
nullement nécessaire à cet égard comme l'a à tort prétendu Merlin
(Rép. v° *sep. de Pat.*, n° 4) qu'elle soit précédée d'une demande
en justice intentée dans les six mois du décès (v. M. Dufresne,
n° 71, et Poitiers, 8 août 1828).

Il nous reste maintenant à observer, quant au point particulier
que nous traitons ici qu'en outre de cette inscription qui suffira le
plus souvent pour garantir aux créanciers du défunt l'exercice de
la Séparation, ces créanciers pourront, si par hasard ils y ont intérêt, user même en ce qui concerne les immeubles de mesures conservatoires analogues à quelques-unes de celles qui sont praticables à l'égard des meubles héréditaires (v. M. Dufresne, n° 81).

En ce qui regarde à présent ces derniers pour lesquels les trois
éventualités que nous avons plus haut signalées peuvent, ainsi
qu'on le constatera plus loin, toutes se réaliser, aucune disposition de loi ne venant à leur respect accorder de mesures conservatoires, on s'est avant tout demandé dans la doctrine et la jurisprudence si ces mesures seraient recevables ?

Sur cette question préalable la plupart des auteurs (v. not. Aubry et Rau, *loc. cit.* pages 215 et 230) et des arrêts (v. Paris, 31 juillet 1852) établissent une distinction. Ou bien il s'agit de mesures qui n'affectent en rien les pouvoirs de pleine administration et de libre disposition que la saisine a conférées à l'héritier; ou bien il s'agit de mesures qui nécessairement les restreignent. Dans le premier cas nul doute puisque aucun motif juridique ne s'y oppose que les créanciers du défunt puissent agir pour la conservation de leurs droits de séparatistes. Mais il en est tout autrement dans le deuxième cas et cela pour plusieurs raisons : d'abord il est de principe incontestable que la Séparation s'exerce dans notre législation actuelle uniquement contre les créanciers de l'héritier sans pouvoir atteindre celui-ci dont la saisine doit se trouver respectée par son emploi, règle qui va subir une violation flagrante si l'on autorise les mesures dont il est cas; ensuite quel est l'objet naturel de la Séparation ? Simplement de rétablir au profit des créanciers du défunt le gage qu'au moment du décès de celui-ci ils possédaient sur ses biens, or ce gage ne leur donnait pas apparemment le droit de gêner ainsi les mouvements de leur débiteur, donc ils ne sauraient davantage entraver ceux de son représentant et leur permettre de le faire serait dépasser le but que l'on se propose; enfin si la loi eût ici toléré l'usage des mesures en question ne s'en fût-elle pas exprimée comme on l'a fait à l'égard des immeubles héréditaires ?— Quelque spécieux que soient ces trois derniers arguments nous ne les croyons pas décisifs et nous serions au contraire très-fortement portés à penser avec M. Demolombe (*op. cit.* n° 140) que les créanciers du défunt pourront user aussi bien des mesures conservatoires de la seconde des deux catégories ci-dessus qu'ils peuvent assurément le faire de celles composant la première. Nous avons en effet un motif péremptoire de le décider ainsi, motif si puissant qu'il a sans doute entraîné la plupart de nos adversaires et notamment M. Dufresne (comp. les n°ˢ 11 et

60-63 de son traité) à se contredire eux-mêmes pour revenir sans s'en apercevoir après l'avoir repoussé tout d'abord au système que nous adoptons; à savoir que qui veut la fin veut les moyens et que le législateur en accordant aux créanciers précités le bénéfice de la Séparation quant au mobilier héréditaire les a par cela même autorisés à s'en assurer sur ce mobilier par toutes mesures utiles, et celles dont nous nous occupons seront souvent indispensables pour cela, l'exercice efficace. Ce motif qui suffirait à lui seul pour entraîner notre décision se trouve d'ailleurs corroboré par la faiblesse réelle des raisons qu'on nous oppose. Reprenons celles-ci : on nous objecte en premier lieu que la Séparation s'exerce aujourd'hui uniquement contre les créanciers de l'héritier et nullement contre celui-ci dont la saisine doit rester à l'abri de toute atteinte. A cela nous répondrons, d'abord que si l'exercice de la Séparation ne frappe pas directement l'héritier il l'atteint indirectement en lui enlevant partiellement du moins les moyens de satisfaire ses créanciers personnels ce qui prouve déjà que cet exercice ne peut lui rester totalement étranger ; et ensuite qu'il ne s'agit pas au résumé ici de l'exercice même de la Séparation mais seulement de mesures conservatoires du droit d'y arriver plus tard, mesures qui ne sauraient il est vrai pas plus que l'exercice en question résoudre en rien la saisine héréditaire mais qui ne la résoudront pas non plus et se borneront à la gêner momentanément contre le fait d'ailleurs aussi dans une certaine limite l'inscription dont s'occupent les art. 2111 et 2113 du Code N. ; enfin n'est-ce pas, du moins en général, au profit des créanciers de l'héritier que s'accompliraient les événements auxquels nous voulons parer, et ne sont-ce pas dans la réalité des choses ces mêmes créanciers qui auront le plus à souffrir des mesures dont il est question ! On nous oppose en deuxième lieu que l'emploi de ces mesures dépassera le but naturel de la Séparation. Cette objection n'est pas plus fondée que la précédente. En effet s'il

est certain que la Séparation ne peut avoir d'autre objet que de rétablir au profit des créanciers du défunt le gage qu'ils possédaient
sur ses biens, toujours est-il que cet objet doit être sérieux et qu'il
ne peut pas dépendre des chances du sort ou des caprices de l'héritier de faire disparaître le gage en question dont autrement la
reconstitution ne serait plus qu'une lettre morte et même qu'un
leurre destiné à tromper les séparatistes sur leur véritable situation; d'un autre côté il n'y a certes rien d'irrationnel à ce que
ces derniers aient le droit de se montrer plus exigeants envers un
héritier dont ils n'ont pas suivi la foi qu'envers leur débiteur
originaire en la solvabilité duquel ils s'étaient volontairement
reposés. Telles sont les considérations qui ont probablement conduit le législateur à accorder en matière immobilière une mesure
conservatoire énergique, or elles ne sauraient assurément perdre
de leur force lorsqu'il s'agit du mobilier héréditaire lequel outre
qu'il constituera souvent l'intégralité de l'actif laissé par le défunt peut bien plus facilement que les immeubles être soustrait à
l'action des créanciers de celui-ci. On nous allègue comme dernier argument le silence complet du législateur en ce qui concerne les mesures à prendre quant à ce mobilier en présence de
la disposition formelle qu'il a édictée à l'égard des immeubles de
la succession, mais nous résoudrons facilement cet argument en
disant que ce silence du législateur qui d'ailleurs n'a pas empêché
nos antagonistes d'accueillir l'emploi de certaines mesures de
précaution sur lesquelles cependant ici la loi est aussi muette
qu'elle l'est sur celles qu'ils repoussent, s'explique parfaitement
par cette considération qu'au respect des meubles héréditaires
tout devait naturellement sur le point dont il s'agit dépendre des
circonstances et qu'il était dès-lors impossible d'y tracer des règles
précises tandis qu'il en était différemment par la force même des
choses en ce qui regardait les immeubles relativement auxquels
d'un autre côté il y avait nous le savons un motif tout spécial de

mentionner l'inscription dont parle l'art. 2111. – Voilà donc les trois objections du système adverse réfutées pleinement au profit de notre opinion. Nous ferons toutefois à ce système deux concessions. La première que l'héritier pourra toujours se soustraire à l'emploi des mesures conservatoires tendant à restreindre sa saisine, en offrant aux créanciers du défunt une valable caution que ceux-ci ne seront pas libres de refuser (v. M. Dufresne, n° 23). La deuxième qu'en tout état de cause les créanciers en question ne seront admis à prendre les mesures dont il s'agit que lorsque les circonstances paraîtront révéler pour eux un intérêt réel à les employer intérêt qui serait, en cas de contestation, constaté par les tribunaux souverains appréciateurs des débats de toute nature qui peuvent ici s'élever. (V. M. Demolombe, *loc. cit.*)

Cela posé quelles seront les mesures conservatoires à employer en ce qui regarde les meubles héréditaires?

Nous l'avons déjà dit tout dépendra des circonstances auxquelles le législateur a voulu en cette occasion se référer; il faudra notamment consulter la nature du but que l'on veut atteindre et aussi celle des objets sur lesquels on désire conserver son droit.

Néanmoins quelques indications peuvent être ici fournies aux fins surtout de faire concorder autant que possible l'usage de la latitude ainsi donnée par la loi avec la procédure du Droit Commun; nous allons les présenter en quelques mots:

S'agit-il d'abord pour les créanciers du défunt seulement de parer à la prescription qui comme nous le savons les menace: Il suffira, croyons-nous, pour prévenir celle-ci d'une demande intentée dans ce but contre l'héritier, demande qu'il faut bien se garder comme on l'a fait trop souvent de confondre avec l'action en justice exigée à tort par la doctrine et la jurisprudence comme condition de l'exercice de la Séparation (v. M. Demol., n° 118).

Est-il au contraire question pour ces créanciers d'empêcher la confusion de fait du mobilier corporel héréditaire avec celui du successeur. Ils pourront d'abord requérir l'apposition des scellés (v. l'art. 909 du Code de Procédure) ou s'opposer à ceux-ci s'ils ont déjà été mis (v. l'art. 821 du Code Napoléon), les faire lever (v. l'art. 03 du Code Procéd.), et requérir la confection d'un inventaire (v. l'art. 741 du Code de Procéd.); que si ces mesures ne suffisent, ils pourront en leur qualité de séparatistes faire ordonner le séquestre des corps certains et la consignation de l'argent comptant (v. les art. 1761, n°s 2, Code N. et 590 Cod. Pr., v. aussi M. Dufresne, n° 23).

Enfin si ces créanciers se proposent de mettre obstacle aux actes de disposition de l'héritier, ils pourront, en outre des deux dernières mesures sus-indiquées, se faire autoriser à titre de demandeurs en Séparation à saisir-revendiquer (v. l'art. 826 du Code de Procéd.) sur l'héritier les corps certains précités pour ces objets être vendus et leur prix déposé à la caisse des consignations (v. M. Dufresne, n° 58); ils pourront enfin faire saisir-arrêter les créances héréditaires. •

Nous reviendrons du reste bientôt sur l'effet de ces diverses qui au surplus ne sont ici énumérées qu'à titre d'exemple.

———

§ V.

Quelles sont les déchéances du droit d'exercer la Séparation ?

Bien que cet exercice leur appartienne en principe, les créanciers du défunt peuvent néanmoins quelquefois s'en voir privés en vertu de certaines causes spéciales résultant soit des Textes du Code soit seulement de la force même des choses. Ces causes complétement indépendantes d'ailleurs les unes des autres sont au nombre de quatre, savoir: 1° La renonciation à l'exercice dont il s'agit. 2° La prescription du droit d'y arriver. 3° La confusion des biens héréditaires avec ceux du successeur. Et 4° l'aliénation faite sur ce dernier des valeurs composant la succession. Reprenons-les successivement.

I. *Renonciation.* Que les créanciers du défunt qui ont une fois renoncé au bénéfice exceptionnel de la Séparation ne puissent être ensuite admis à l'exercer, c'est là un principe évident et dont l'admission ne saurait souffrir de difficulté encore que la loi n'ait pas pris soin de l'édicter d'une manière aussi générale.

Conformément au Droit Commun cette renonciation pourra être tantôt expresse c'est-à-dire formelle et tantôt tacite c'est-à-dire résultant des circonstances, et dans tous les cas elle produira ici le même effet.

C'est, croyons-nous, à un cas fréquent de renonciation tacite que le législateur fait allusion dans l'article 870, où il nous dit que « la Séparation ne peut plus être exercée lorsqu'il y a novation dans la créance contre le défunt par l'acceptation de l'héritier pour débiteur. » Cette disposition qui se comprendrait aisément, telle qu'elle est formulée, dans le Droit Romain aux règles sinon aux termes duquel elle paraît empruntée, puisque dans cette législation les deux qualités de créancier du défunt et de créancier de l'héritier y étant absolument incompatibles il y avait par l'acceptation du second de ces titres exclusion forcée du premier et par suite novation véritable entraînant nécessairement déchéance du droit à la Séparation lequel suppose naturellement l'existence de ce premier titre, est au contraire du moins au premier aperçu d'une explication difficile sous notre législation actuelle où l'incompatibilité en question comme nous le verrons n'existe plus où l'exercice de la Séparation ne fait pas disparaître chez le séparatiste ses droits la qualité de créancier de l'héritier et où dès-lors on est tout d'abord porté à se demander avec étonnement comment l'acceptation de l'héritier pour débiteur qui ne fait plus que confirmer un état de choses devant à tout événement continuer de subsister pourra encore avoir l'effet de produire la novation et par suite la déchéance qu'elle entraînait à Rome. Néanmoins si laissant de côté pour un moment les termes de la loi on se pénètre de son esprit l'intelligence des expressions par elle employées deviendra des plus claires. En effet s'il est certain qu'aujourd'hui il n'y ait plus rien d'inconciliable entre le titre de créancier du défunt et celui de créancier de l'héritier, toujours est-il que l'incompatibilité subsiste par la force des choses entre celui de créancier du défunt et de créancier personnel du successeur et que dès-lors que les créanciers du *de cujus* auront consenti à se contenter pour la garantie de leurs droits de la responsabilité de ce même successeur lequel sera alors réputé avoir toujours été leur unique obligé il se sera en ce cas opéré dans leur situation non pas il est vrai une novation véritable puisqu'ils ont pris pour débiteur celui qui devait toujours rester tel mais quelque chose *de nouveau* qui les empêchera de pouvoir réclamer désormais un bénéfice auquel ils ont ainsi tacitement renoncé. Tel est selon nous le sens exact de l'article 879.— Maintenant quand y aura-t-il acceptation de l'héritier pour débiteur devant entraîner un pareil résultat? Il est bien évident, d'abord que cette acceptation pourra être expresse ou tacite; et ensuite que dans ce second cas tout se réduira à une question de fait et d'appréciation et que tous les actes mais aussi ceux-là seulement qui accomplis par les créanciers du défunt vis-à-vis de l'héritier révèleront soit par eux-mêmes soit à l'aide des circonstances qui les auront accompagnées l'intention d'avoir l'héritier pour unique débiteur entraîneront l'acceptation dont il s'agit. Nous ne pouvons sur ce dernier point entrer ici dans les espèces diverses prévues à cette occasion par les auteurs ou

10

jugées par les arrêts; il nous suffira de poser deux règles géné-
rales pouvant servir à résoudre la plupart des difficultés du sujet,
à savoir: 1° Que puisqu'il est ici question de prononcer une déchéance on ne devra reconnaître l'acceptation précitée que dans
les actes et les faits qui l'indiqueront d'une manière évidente;
2° que cette acceptation ne pourra jamais résulter du moins uniquement des actes que les créanciers du défunt auront effectués
avec ou contre l'héritier pour arriver à la conservation de leurs
droits primitifs, actes souvent urgents et que d'ailleurs ils ne
pouvaient accomplir que vis-à-vis de cet héritier resté nécessairement du moins en principe jusqu'au moment où la Séparation
doit s'exercer le seul possesseur des biens héréditaires qui
forment la garantie originaire et naturelle de ces mêmes droits.

II. *Prescription.* Nous avons vu dans les Parties précédentes
de ce travail, d'une part le Droit Romain soumettre et quant aux
meubles et quant aux immeubles héréditaires la faculté d'exercer la Séparation des Patrimoines à une courte prescription,
et d'autre part l'Ancien Droit Français affranchir d'une manière
également générale ce même exercice de toute déchéance de
ce genre. Le Code a pris un juste milieu entre ces deux sys-
tèmes opposés en fixant quant au mobilier un bref délai dans
lequel le bénéfice dont il s'agit peut être exercé, tandis qu'il
n'en impose aucun en ce qui concerne les immeubles laissés par
le défunt.

Occupons-nous d'abord des meubles.

Nous trouvons sur ce premier point l'article 880 du Code N.
dont le § 1 est conçu en ces termes : « Il (le droit d'exercer
le bénéfice de Séparation) se prescrit à l'égard des meubles
par le laps de trois ans. » On saisit sans peine le fondement de
cette disposition. Elle repose sur ces deux motifs : d'abord
qu'au bout d'un faible espace de temps les créanciers du défunt
qui ont pendant sa durée laissé, sans y exercer la Séparation

ou du moins sans avoir eu le soin de prendre à cette occasion quelque mesure conservatoire de nature à manifester l'intention d'arriver plus tard à cet exercice sinon susceptible d'empêcher la confusion ou les actes de déposition de l'héritier, en la libre possession de ce dernier des objets d'une disparition aussi facile que le sont les meubles en question, doivent être réputés avoir quant à ces meubles renoncé à l'exercice de la Séparation; et ensuite qu'à l'expiration de ce même espace de temps il y a présomption naturelle que les meubles dont il s'agit et que l'on n'a pas eu la précaution de distraire de ceux de successeur se sont confondus en fait avec ceux-ci de manière à rendre matériellement impossible l'exercice sus-mentionné.

Le délai de trois ans par lequel s'accomplit la prescription ainsi édictée dans l'article 880, n° 1 se calcule, selon la majorité des auteurs dont nous adoptons sur ce point volontiers l'opinion, à partir de l'ouverture même de la succession et non pas seulement comme le prétendent quelques jurisconsultes à compter de l'acceptation de la succession. C'est ce qui résulte en premier lieu par analogie de l'article 2111 qui fait partir de cette même ouverture le délai de six mois dans lequel doit être pris l'inscription dont nous avons précédemment parlé. C'est ce qui découle en outre directement de la maxime française *le mort saisit le vif* consacrée par l'article 724 du Code N. et en vertu de laquelle la propriété et la possession absolues des biens et par suite des meubles héréditaires se trouvent au moment même du décès c'est-à-dire de l'ouverture de la succession transférées juridiquement à l'héritier contre lequel aussi les créanciers du défunt peuvent dès ce moment et même, sauf bien entendu l'effet d'ailleurs ici indifférent de l'exception dilatoire, pendant les délais pour faire inventaire et délibérer, intenter leurs actions; de telle sorte qu'à partir du moment en question les deux présomptions sus-indiquées commencent à trouver leur raison d'être. (V. en ce sens M. Dufresne, n° 87 et M. Demolombe, n° 149. — *Contrà* MM. Aubry et Rau, *p.* 217.)

La loi n'établissant en cette circonstance aucune distinction entre les différents objets mobiliers de la succession, il s'ensuit que la prescription par elle édictée s'appliquera quelque soit la nature de ces objets et par exemple qu'il s'agisse de meubles corporels ou bien de meubles incorporels. Il est vrai que pour ces derniers la confusion est beaucoup moins à craindre que pour les premiers ; mais à part l'argument déjà péremptoire tiré de la généralité du Texte ce n'est pas seulement avons-nous vu sur une présomption de confusion qu'est basée la prescription dont il s'agit et d'ailleurs ainsi que le remarque fort bien M. Demolombe une distinction sur ce point entre les choses corporelles et les objets corporels en entraînerait forcément une autre, laquelle ne serait en aucun état de cause ni juridique ni matériellement praticable, entre les divers objets corporels eux-mêmes. (Voir à ce sujet M. Demolombe, n° 172.)

L'article 880 étant par le silence complet qu'il garde en ce qui les concerne également général quant aux personnes contre lesquelles cette prescription devra courir et les motifs sur lesquels celle-ci repose se reproduisant du reste à cet égard plus ou moins dans toutes les situations, on en doit conclure que la dite prescription court contre tout créancier quelque favorables que soient d'ailleurs les droits de celui-ci.

Mais il faut en même temps remarquer que si d'après ce que nous venons de dire cette même prescription ne peut jamais être ici suspendue à raison de la position du séparatiste elle peut parfaitement bien se trouver arrêtée au profit des créanciers quelconques du défunt par l'emploi de mesures conservatoires propres, soit à manifester l'intention de ceux-ci d'arriver plus tard à l'exercice de la Séparation et notamment de la demande spéciale dont nous avons parlé dans notre dernier §, soit à prévenir la confusion de fait dont nous avons plus haut parlé; l'usage de ces mesures devant naturellement faire disparaître l'une ou l'autre et souvent même l'une et l'autre des deux présomptions qui forment le fondement de la prescription en question. (V. en ce sens M. Dufresne, n° 88 et M. Demolombe, n° 185.)

Arrivons maintenant à ce qui concerne les immeubles héréditaires.

A ce sujet les deux présomptions dont nous venons de parler n'étaient plus admissibles, aussi la loi ne soumet-elle quant à ces immeubles les séparatistes à aucune prescription quelconque du droit d'exercice le bénéfice qu'ils désirent invoquer. C'est ce qui résulte des termes mêmes de l'article 880 lequel déclare dans son deuxième § que « à l'égard des immeubles la Séparation pourra s'exercer tant que ceux-ci se trouveront aux mains de l'héritier, » décision parfaitement conforme d'ailleurs aux règles du Droit Commun lesquelles appliquent à l'accessoire d'une créance et notamment au privilége qui la garantit la même prescription que celle qui frappe le droit principal dont il s'agit. C'est donc à tort que quelques auteurs déclarent ici prescription par trente ans à compter du décès la faculté d'exercer le bénéfice de Séparation (v. en ce sens MM. Massé et Vergé, tome 2, *p.* 533. *Contrà* Dufresne, n° 86).

III. *Confusion.* Le Code ne prévoit pas il est vrai d'une manière expresse cette troisième cause de déchéance mais elle ressort à suffire et des traditions de la matière et surtout de la force même des choses qui s'oppose à ce que les créanciers du défunt puissent encore exercer le bénéfice de la Séparation lorsque le mélange matériel et complet des biens de la succession sur lesquels seulement ils ont à cet effet le droit d'agir, avec l'actif personnel de l'héritier actif dont il devient dès-lors impossible de distinguer les biens précités, est venu faire disparaître l'assiette précise du privilége que ces créanciers prétendraient invoquer.

Comme la confusion de fait ne peut naturellement guère se produire qu'en ce qui concerne le mobilier nous n'allons nous occuper que de celui-ci dont les règles s'appliqueront d'ailleurs *mutatis mutandis* aux immeubles héréditaires.

Cela posé, une première remarque se présente à savoir que puisqu'il s'agit ici d'une déchéance il faudra pour qu'il y ait confusion susceptible de l'entraîner que le mélange des meubles héréditaires avec ceux de l'héritier soit véritablement irréparable, c'est-à-dire qu'on n'ait plus aucun moyen d'arriver à la distinction de ces deux mobiliers.

Observons en deuxième lieu que la confusion dont il est question et que nous venons ainsi de préciser, et par suite la déchéance qu'elle amène avec elle, résulte comme cela va du reste de soi, d'un pur fait totalement indépendant par conséquent de la situation plus ou moins favorable qu'auront pu vis-à-vis du mobilier héréditaire se créer les créanciers du défunt ; il en découle forcément :

1° Que du moment où la mixtion absolue et irrémédiable des meubles du défunt avec ceux de l'héritier se sera physiquement accomplie cette confusion existera entraînant à sa suite la privation de l'exercice de la Séparation, alors même que les séparatistes auraient eu primitivement le soin de faire constater par un inventaire régulier la consistance et la valeur du mobilier héréditaire (conf. M. Dufresne, n° 61 et M. Denol, n° 188, *contrà* Duranton, t. 7., n° 484).

2° Qu'en revanche toutes les fois que les meubles de la succession pourront matériellement se distinguer de ceux de l'héritier cette même confusion ne se sera pas opérée et aucune déchéance n'aura pour cette cause frappé les créanciers du défunt, bien que ceux-ci n'aient pas originairement pris la précaution de faire mentionner dans un inventaire ou autre acte équivalent le mobilier héréditaire dont ils se trouvent du reste à même d'éta-

blir l'identité par d'autres moyens de preuve. (V. en ce sens
M. Demolombe, n° 186, et en sens contraire M. Demante, Pro-
gramme, t. 3., n° 221 *bis.*)

Maintenant quand se produira, tel que nous l'avons plus haut
défini, le fait constitutif de la confusion dont il s'agit ? Il est bien
évident qu'on se trouve là en présence d'une simple question d'appréciation à l'égard de laquelle il n'est même pas possible de
donner à l'avance des indications certaines et que par conséquent nous n'avons en rien à résoudre ici.

Rappelons en terminant que les créanciers du défunt pourront se garantir contre cette confusion soit par la confection
d'un inventaire soit, ce moyen ne devant pas toujours suffire, par
l'emploi de mesures conservatoires d'une nature plus énergique
et dont nous avons donné précédemment quelques exemples.

IV. *Aliénation.* L'exercice de la Séparation devient, avons-nous
déjà dit, en quatrième lieu impossible lorsque les valeurs de la
succession ont été aliénées par l'héritier. Ce principe évidemment
emprunté aux législations précédentes est général et s'étend ainsi
que nous le reconnaîtrons à toutes les valeurs précitées. Néanmoins les détails qu'il comporte variant selon qu'il s'agit de meubles ou d'immeubles nous allons l'examiner séparément pour ces
deux classes de biens.

Occupons-nous d'abord des meubles.

La loi ne faisant ici aucune mention de ceux-ci on serait peut-
être tenté d'en conclure que leur aliénation ne met pas obstacle
à l'exercice de la Séparation ; mais une telle conséquence serait
erronée car il est bien évident que si, comme nous le constaterons plus loin, cet obstacle existe en ce qui concerne les immeubles il doit aussi exister à l'égard des meubles pour lesquels on
rencontre une raison identique de décider raison qui se trouve du
moins généralement corroborée à leur occasion par un motif qui
leur est particulier.

En effet, à part cette considération commune à tous les biens de l'hérédité que le successeur du défunt restant naturellement, sauf le cas exceptionnel et qu'il faut laisser provisoirement de côté où des mesures conservatoires suffisantes auraient restreint ses droits, jusqu'au moment où la Séparation va s'exercer maître absolu des valeurs héréditaires et par suite libre de consentir valablement à leur sujet tous les actes qu'un propriétaire ordinaire peut passer à l'occasion de sa chose les créanciers du *de cujus* ne sauraient être reçus à venir pour réaliser leur droit à la Séparation attaquer ou même anéantir en fait au préjudice des parties contractantes des aliénations parfaitement régulières *ab initio* et qu'ils ont d'ailleurs au fond tolérées par leur abstention de toute mesure énergiquement prohibitive ; se présente à l'égard de la plupart sinon de la totalité des objets mobiliers cette raison spéciale que dans notre législation actuelle la maxime moderne *en fait de meubles possession vaut titre* garantit en tout état de cause l'acquéreur de ces objets, auquel la tradition en a été faite, de tous les priviléges qui pouvaient primitivement les grever (v. les art. 2110 et 2270 du Code N.).

Ainsi donc, l'aliénation des meubles héréditaires empêchera les créanciers du défunt de venir y réclamer l'exercice de la Séparation; maintenant comme les deux motifs sus-indiqués ont du moins le premier une portée absolue, il faut en conclure que cette solution s'appliquera à tous les meubles de la succession quelque soit du reste la nature de ceux-ci et notamment, bien que M. Duranton (tome 7, n° 485) ait pensé le contraire, aux créances qui en dépendent (conf. M. Demol., n° 107 et un arrêt de la Cour de Cass. du 28 avril 1840).

Du reste le principe ci-dessus que l'aliénation faite par l'héritier des meubles de la succession met obstacle à l'exercice de la Séparation suppose naturellement que cette aliénation a été consentie de bonne foi; il est bien certain en effet que si elle n'avait eu d'autre but que de frustrer les droits des séparatistes ceux-ci pourraient en invoquant l'action Paulienne tenir pour non avenu l'acte fait à leur détriment.

Et même dans le cas où l'aliénation aurait été consentie de bonne foi les créanciers du défunt n'auront pas toujours perdu tout droit à l'exercice de la Séparation puisque si l'aliénation d'une part consiste dans une vente et que d'autre part le prix en soit encore dû à l'héritier ils pourront d'après ce que nous avons vu précédemment, tout en respectant le contrat intervenu, se faire colloquer par préférence sur le prix dont il s'agit.

Remarquons enfin que ces créanciers trouveront en tout état de cause un moyen sûr et facile de se garantir contre les aliéna-tions de l'héritier dans l'emploi de mesures conservatoires qui en enlevant à celui-ci la détention des meubles héréditaires auront le double effet, de restreindre la liberté d'action de cet héritier dont l'espèce de mandat de libre gestion que lui avaient en quel-que sorte jusque-là donné ces mêmes créanciers se trouvera d'ail-leurs ainsi révoqué, et d'empêcher les tiers contractants d'être fondés à invoquer la maxime *en fait de meubles possession vaut titre* au détriment des séparatistes lesquels pourront au contraire en cas de besoin s'en étayer à leur respect.

Quid maintenant si au lieu d'avoir aliéné le mobilier en question le successeur l'avait donné en gage? Il est bien évident que cette circonstance ne saurait rendre en principe impossible l'exercice de la Séparation, mais il n'est en revanche pas moins certain que les créanciers du défunt seront tenus lorsqu'ils y procéderont de respecter le droit consenti par l'héritier au gagiste lequel se trouve très-fondé à invoquer vis-à-vis d'eux *mutatis mutandis* les deux motifs que nous avons plus haut énoncés c ce qui concerne les aliénations des meubles de la succession. (V. en ce sens M. Demol., n° 184; et en sous contraire Dufresne, n°ˢ 44 et 45.) — Il va au surplus de soi que l'emploi de certaines mesures de

11

précaution pourra encore ici prévenir toute entrave au droit des créanciers séparatistes.

Arrivons maintenant à ce qui regarde les immeubles :

Sur ce point nous retrouvons l'art. 880, n° 2 aux termes duquel « à l'égard de cette espèce de biens la Séparation peut être exercée tant qu'ils sont dans les mains de l'héritier. » D'où l'on doit induire à *contrariò* que lorsqu'ils en sont sortis c'est-à-dire lorsque l'héritier en a consenti l'aliénation laquelle n'existe depuis la loi du 23 mars 1855 que par la transcription de l'acte qui la constate, l'exercice du droit en question devient impossible et cela pour un motif plus haut énoncé sur lequel il est désormais inutile de revenir.

Observons ici en premier lieu que, de même qu'à l'égard des meubles, si l'aliénation avait été faite de mauvaise foi elle ne mettrait aucun obstacle à l'exercice de la Séparation.

Observons en outre que s'il s'agit d'une vente dont le prix soit encore dû à l'héritier les créanciers du défunt seront malgré le principe sus-énoncé fondés à réclamer sur ce prix qui comme nous le savons et comme cela résulte de la nature même des choses constitue lui aussi une valeur héréditaire laquelle présente en général un caractère purement mobilier, un droit de préférence non pas il est vrai, d'après ce que nous avons constaté dans notre quatrième § et en outre d'après ce que nous allons voir tout à l'heure, vis-à-vis des créanciers hypothécaires de l'héritier régulièrement inscrits sur les immeubles aliénés mais du moins vis-à-vis de ses créanciers chirographaires ; bien qu'en réalité le bénéfice de Séparation comme tout autre privilège immobilier n'existe plus aujourd'hui de plein droit, même à l'encontre des créanciers cédulaires, sur les immeubles qu'il est susceptible d'atteindre. (V. à cet égard MM. Mourlon, Examen critique, n° 316 ; et Demolombe *op. cit.* n° 203.)

Remarquons enfin que les créanciers séparatistes auront en

tout état de cause un moyen facile de se garantir pleinement contre les aliénations dont il est cas en prenant sur les immeubles héréditaires avant toute transcription une inscription qui leur conférant, comme nous le savons déjà, un droit de suite rendra sans effet à leur égard l'acte que l'héritier voudrait ainsi consentir à leur détriment.

Quel sera à présent l'effet vis-à-vis des créanciers du défunt non plus des aliénations mais des hypothèques (dûment inscrites) consenties par l'héritier sur les biens de la succession? Les articles 2111 et 2113 qui résolvent cette question établissent une distinction : ou bien les créanciers du défunt ont pris l'inscription dont nous avons parlé il n'y a qu'un instant dans les six mois qui suivent le décès de leur débiteur; ou bien ils ne l'ont prise qu'après ce délai. Dans le premier cas ils primeront en exerçant la Séparation tous les créanciers hypothécaires de l'héritier ceux-ci eussent-ils des droits antérieurs à cette inscription (art. 2111). Dans le second, bien qu'ils conservent alors l'exercice de leur bénéfice, ils ne primeront que les créanciers de l'héritier dont l'hypothèque sera postérieure à cette même inscription tandis qu'ils seront au contraire primés par ceux dont l'hypothèque sera d'une date plus ancienne (v. la disposition générale de l'art. 2113).

Il est à peine nécessaire de faire observer combien ce système dont tout l'honneur revient aux rédacteurs du Code et qui n'est au reste qu'une application des principes modernes du régime hypothécaire l'emporte au point de vue et de la logique et du crédit public sur la doctrine adoptée en cette occasion dans le Droit Romain dont notre ancienne jurisprudence avait à cet égard reproduit les règles respectées aussi par la loi du 11 brumaire de l'An VII, et en vertu de laquelle les hypothèques conférées par l'héritier étaient dans tous les cas et abstraction faite de toute publicité et même de toute mesure conservatoire employées par les séparatistes, réputées non avenues au respect de ceux-ci.

—

§ VI.

Quel est le caractère et quels sont les effets de la Séparation ?

Et d'abord quel est le caractère de la Séparation des Patrimoines dans la législation actuelle?

La loi ne répond pas d'une manière directe et spéciale à cette question, mais celle-ci se trouve néanmoins complètement résolue et par les travaux préparatoires du Code Napoléon et aussi par des inductions tirées des quelques articles de ce Code dont nous nous sommes dans ce travail proposés le commentaire. En effet il résulte en premier lieu du discours prononcé par M. Treilhard lors de la présentation au Corps Législatif du titre des successions (v. Locré, législation tome 10, com. 9, n° 35) que les rédacteurs ont entendu sur le point qui nous occupe actuellement repousser les règles du Droit Romain pour s'en référer en principe du moins à celles suivies dans l'ancienne jurisprudence française, renseignement qui se trouve parfaitement confirmé d'un côté par les dispositions des art. 878 et 2111 lesquels nous apprennent et que l'exercice de la Séparation se produit contre les créanciers de l'héritier et que ce même exercice atteint individuellement les biens du défunt, et d'un autre côté par le silence complet des Textes sur la Procédure qui à Rome formait la condition indispensable de cet exercice tel qu'il s'y trouvait organisé. Telle est aussi l'opinion adoptée, si l'on en excepte toutefois peut-être M. Bugnet (sur Pothier, tome 8, *page 221*), par l'unanimité des auteurs. Ainsi donc en notre matière aujourd'hui comme sous l'Ancien Droit Français, plus de rescision de la saisine, plus de reconstitution de l'*universum jus* du défunt. L'héritier reste en tout état de cause en vertu de son investiture, sauf bien entendu l'effet accidentel des mesures conservatoires dont nous avons précédemment parlé et notamment de celles relatives aux meubles, le plein propriétaire et le libre administateur des biens qui dependent de la succession ; il reste en revanche malgré l'emploi du bénéfice dont nous nous occupons, en vertu de cette même Investiture, le débiteur personnel des créanciers du défunt. En un mot les Patrimoines du *de cujus* et de son successeur demeurent confondus dans leur essence juridique sinon dans leurs éléments individuels, et le résultat principal de la Séparation des Patrimoines dont nous nous occupons et qui ne mérite plus à vrai dire le nom par lequel on la désigne se borne à faire préférer sur chacun des biens en question chacun des créanciers du défunt aux divers créanciers de l'héritier ; système assurément moins logique que celui consacré par la loi Romaine mais à coup sûr plus pratique et plus conforme soit à l'intention soit aux véritables intérêts des demandeurs en Séparation.

Cela posé, dans quelle catégorie de Droits faut-il faire rentrer celui que la Séparation confère aux créanciers du défunt ?

A notre avis ce bénéfice constitue actuellement un *vrai privilége*. Voici les raisons péremptoires qui nous portent à le penser ainsi : 1° D'après ce qu'on vient de voir la Séparation est aujourd'hui une cause de préférence entre les créanciers *d'un même débiteur ;* or comme d'une part les seules causes de préférence entre ces créanciers sont aux termes de l'article 2094 les Priviléges et les Hypothèques, et que d'un autre côté le bénéfice de la Séparation ayant pour but et pour effet du moins en thèse générale de faire primer par les créanciers du défunt les créanciers quelconques de l'héritier ne saurait en principe même quant aux immeubles être assimilé à une Hypothèque, il s'en suit qu'il se trouve compris dans la classe des priviléges. 2° Telle est aussi la solution que consacre l'article 2111 en donnant à ce même bénéfice, et cela dans les termes mêmes employés à propos des autres garanties de ce genre par les articles qui l'accompagnent, la dénomination formelle de *privilége*. Cette solution ressort enfin de cette circonstance que le Code dans l'article que nous venons de citer subordonne absolument, comme il le fait pour tous les priviléges immobiliers auxquels il l'assimile ainsi complètement, l'existence même de ce bénéfice en tant qu'il doit atteindre les immeubles héréditaires à la prise d'une inscription hypothécaire sur chacun de ceux-ci. —Cependant cette solution a été vivement contestée sinon dans la jurisprudence au moins dans la doctrine où un grand nombre d'auteurs soutiennent que la Séparation n'est pas un véritable privilége et constitue seulement un droit de préférence *sui generis*. La preuve disent-ils que ce bénéfice n'est pas un vrai privilége résulte; d'abord de cette considération que l'avantage qu'il confère ne dérive pas comme l'exigerait la disposition générale de l'article 2095 de la qualité de la créance; et ensuite du silence complet gardé à cet égard par les articles 2101 et 2103 qui néanmoins contiennent une énumération des divers priviléges tant mobiliers qu'immobiliers; telle était d'ailleurs la doctrine de l'ancienne jurisprudence française où la Séparation formait un droit à part et possédait une nature spéciale que les rédacteurs du Code n'ont sans doute pas voulu modifier. Il est vrai que l'article 2111 contient une expression qui pourrait prêter au doute et même faire supposer qu'il s'agit ici d'un véritable privilége, mais comme cette expression ne s'y présente que d'une manière incidente on ne saurait induire de son emploi une conséquence aussi contraire aux principes du Droit Commun qu'aux traditions du passé. — Nous répondrons à ces objections : en premier lieu que le bénéfice de Séparation est lui aussi fondé sur la qualité de la créance puisqu'il n'est accordé qu'aux créanciers du défunt et non à ceux de l'héritier, de telle sorte que l'art. 2095 ne peut nous être opposé; en second lieu que les articles 2101 et 2103 étant loin, comme chacun sait, de renfermer une classification complète des priviléges on ne doit pas s'étonner de n'y voir pas figurer le bénéfice de Séparation dont la loi avait d'ailleurs eu soin de constater l'existence dans les art. 878 et s.; en troisième lieu que si, ce qui du reste paraît certain, ce bénéfice ne constituait pas encore dans l'ancienne jurisprudence française un véritable privilége rien ne mettait obstacle à ce que le Code lui donnât cette portée que l'intérêt des séparatistes comme la nécessité d'harmoniser toutes les parties de la législation l'engageaient même très-fortement à lui accorder en faisant d'une faveur anormale, douteuse quant à sa nature, incomplète quant à ses résultats, une institution précise et efficace de Droit Commun; enfin en dernier lieu qu'il est peu présumable que dans l'article 2111 placé au sein même de la matière des priviléges le législateur se fût mépris sur le sens des termes qu'il employait. — Nous nous réservons au surplus de corroborer encore la présente solution par l'examen auquel nous arriverons bientôt de la question de savoir si la Séparation engendre un Droit de suite, question à propos de laquelle surtout s'est élevée celle que nous venons d'étudier dans cet alinéa et où se manifeste principalement l'intérêt majeur qui s'attache à la décision de celle-ci. (Conf. M. Demol., n° 209, arrêts C. Orléans du 23 août 1840 et C. Grénoble du 21 juin 1841. — *Contrà* Dufresne, n° 94.; Mourlon, Ex. Crit. n°ˢ 105 et s.; Aubry et Rau, notes 41 et 55.)

Le caractère de la Séparation étant ainsi connu, quels seront les effets de ce bénéfice ?

Parmi ces effets il en est d'abord un qui ne saurait être mis en doute et qui constitue même ici le résultat principal de la Séparation résultat dont tous les autres ne seront que des auxiliaires, à savoir le droit qu'auront les créanciers du défunt d'être préférés sur les valeurs héréditaires aux créanciers de l'héritier. Il ne nous reste rien à ajouter à ce que nous avons dit sur ce point dans le cours de ce travail si ce n'est, ce qui du reste va de soi, qu'une fois les séparatistes désintéressés à même les biens précités le reliquat de ces derniers s'il s'en trouve un appartiendra soit à l'héritier soit à ses créanciers personnels.

Tel est, avons-nous dit, l'effet principal de la Séparation, mais à cet effet peuvent s'en rattacher d'autres qu'il nous faut à présent rechercher; ce qui nous conduit à examiner les quatre questions suivantes : 1° La Séparation est-elle indivisible? 2° Modifie-t-elle la situation respective des créanciers du défunt vis-à-vis des biens héréditaires? 3° Ces créanciers auront-ils une fois ces biens épuisés ar l'exercice de ce bénéfice le droit de recourir, pour le montant ce qui leur serait encore dû, sur la fortune propre du successeu ? 4° Ce même bénéfice leur procurera-t-il un droit de suite contre les tiers détenteurs des biens du défunt aliénés par son héritier?

I. La séparation est-elle indivisible?

Deux hypothèses sont ici à envisager : ou bien le défunt n'a laissé qu'un éritier; ou bien il en a laissé plusieurs.

Dans le premier cas il n'est pas douteux, la Séparation étant ainsi que nous le savons déjà un véritable privilège et aucun motif ne s'opposant d'ailleurs à un pareil résultat, que le droit de préférence conféré par ce bénéfice pourra s'exercer, et cela sans aucune restriction, d'une manière indivisible sur l'ensemble et sur chacun des biens dépendant de la succession.

Dans le deuxième cas il n'est pas moins certain pour des raisons semblables que les créanciers du défunt jouiront de la même indivisibilité à l'égard de l. fraction d'actif échue à chacun des héritiers dans le partage de la succession, en tant qu'ils ne réclameront sur cette fraction qu'une portion de leurs créances proportionnelle à la vocation héréditaire de celui contre lequel ils exercent leurs poursuites.

Mais en cet endroit se présente une grande question, celle de

savoir si ces créanciers auront dans cette seconde hypothèse
le droit de se faire colloquer sur la partie attribuée à l'un des
héritiers dans les biens du défunt, non-seulement jusqu'à concurrence de la portion sus-indiquée de leurs créances la seule qui
était incombée à cet héritier aux termes des articles 873 et 1220
du Code N. en vertu de la répartition du passif héréditaire que la
Loi avait elle-même au moment du décès pris soin d'opérer dans
cette mesure entre les cosuccesseurs, mais bien jusqu'à concurrence de la fraction active par lui recueillie, en un mot si la Séparation met obstacle aux conséquences de la division légale des
dettes laissées par le *de cujus?* Sur ce point s'est élevée tant dans
la doctrine que dans la jurisprudence une vive controverse non encore aujourd'hui complètement terminée. — D'une part un grand
nombre d'auteurs et aussi quelques arrêts admettent comme légi-
time la réclamation des séparatistes en s'appuyant sur les motifs
suivants : Quel est en premier lieu, disent-ils, le but de la Séparation des Patrimoines ? N'est-ce pas de replacer les créanciers du
défunt dans la situation qu'ils avaient à l'époque de la mort de
leur débiteur et de leur restituer le gage naturellement indivisible
qu'ils possédaient alors sur ses biens? or ce but ne doit-il pas
être atteint malgré la division des dettes laquelle s'est il est vrai
opérée de plein droit entre les héritiers mais suppose forcément
pour son exécution quant aux biens précités que les créanciers
du défunt se sont contentés de l'action personnelle dont la saisine
les avait investis contre chacun de ces derniers! En deuxième lieu
la Séparation étant aujourd'hui un véritable privilége, entièrement indépendant de l'action personnelle sus-mentionnée laquelle
est seule soumise à la division en question, ne doit-elle pas procurer aux créanciers du défunt tous les avantages de l'indivisibilité! D'ailleurs ne serait-il pas inique que l'un des héritiers pût
conserver quelque chose des biens du défunt alors que les dettes
de celui-ci ne sont pas intégralement acquittées! Enfin le système

contraire au présent ne deviendrait-il pas susceptible d'entraîner
pour les séparatistes le préjudice le plus grave notamment dans
le cas qui se présentera assez souvent où l'un des héritiers d'ailleurs insolvable aura par un rapport en moins prenant laissé à
son cohéritier pour le remplir des prélèvements que celui-ci était
en droit d'exercer lors du partage la majeure partie et peut-être
même l'intégralité des valeurs héréditaires, et surtout dans l'hypothèse encore plus fréquente où ce partage aura attribué à l'un
des successeurs à titre de lot tous les meubles de la succession
lesquels ont été aussitôt dissipés par celui qui les avait reçus !
(Conf.: M. Hureaux, Etudes sur le Code Civil, t. 3, et arrêt
C. Caen du 17 janvier 1855). — D'autre part un certain nombre
de jurisconsultes et la majorité des arrêts rendus sur la question
proclament que le bénéfice de Séparation ne met dans l'hypothèse dont il s'agit aucun obstacle aux conséquences de la division légale des dettes entre les divers héritiers. Telle est aussi
l'opinion que nous croyons devoir adopter. Elle repose en effet
sur une raison péremptoire à savoir que le principe de cette division lequel se trouve aujourd'hui conformément aux traditions de
l'Ancien Droit formellement consacré par les articles 873 et 1220
du Code N. étant textuellement général et de plus basé sur les
considérations les plus fortes d'équité et d'ordre public ne saurait à ce double titre recevoir dans son application qui embrasse
naturellement tous les biens appartenant à chaque héritier et par
suite ceux dont le partage de la succession lui a transféré même
avec rétroactivité au décès de son auteur (article 883) la propriété exclusive, d'autres dérogations que celles expressément
formulées par les Textes ; or ceux-ci n'en contiennent aucune
relativement à la Séparation des Patrimoines réclamée dans notre
espèce. C'est donc à tort que nos adversaires prétendent ici faire
produire à ce bénéfice le résultat sus-indiqué. Quelle est d'ailleurs au fond la valeur des arguments qu'ils apportent à l'appui

do leur système ? elle est nulle si l'on y regarde de bien près.
Sans doute, nous l'admettons avec eux, la Séparation a pour but
de rétablir au profit des créanciers du défunt le gage qu'ils possédaient jadis sur ces biens, et ce but doit évidemment se trouver
rempli ; mais qu'elle ait nécessairement, comme on semble le
supposer, pour objet de faire abstraction complète en faveur de
ces créanciers de la transmission héréditaire, voilà ce qui évidemment n'est pas admissible et la prémisse devenant ainsi fausse
nous sommes autorisés à repousser la conclusison qu'on en tire.
Sans doute aussi la Séparation est un véritable privilége dont
l'indivisibilité constitue ainsi que nous l'avons du reste reconnu
en principe l'un des caractères essentiels ; mais remarquons que
lorsqu'il y a plusieurs héritiers ce privilége, qui par la force des
choses ne peut jamais naître que depuis l'ouverture de la succession, ne prenant à ce moyen son existence qu'après la division
légale entre ces cohéritiers des dettes du défunt ou en d'autres
termes de l'action personnelle sus-indiquée à laquelle quoiqu'en
disent nos contradicteurs il demeure étroitement attaché puisque
sans cela il manquerait totalement de support, s'est trouvé dès
l'origine divisé lui-même en plusieurs parties correspondant exactement au fractionnement que reçoit la dite action et dont aucune
ne saurait avoir plus d'étendue que la portion de créance dont
elle constitue l'accessoire et dans les limites de laquelle doivent
dès-lors se restreindre ici les effets de l'indivisibilité en question.
Cela étant comment les défenseurs de l'opinion contraire à la
nôtre ne voient-ils pas que leur argument porte à faux et qu'il ne
tend à rien moins en définitive qu'à donner, du moins dans l'hypothèse présente, à la Séparation, qui y serait ainsi exercée directement contre le successeur lui-même, le résultat aujourd'hui
impossible de reconstituer l'*universum jus* du défunt et de rap-
peler fictivement ce dernier à la vie ! Maintenant quant aux motifs
d'équité qu'on nous oppose subsidiairement en se transportant sur

un terrain qui appartient plutôt à la législation qu'au Droit positif, nous les repousserons sur ce même terrain en faisant observer
que le principe de la division légale des dettes auquel on voudrait
faire échec est lui aussi fondé sur l'équité qui ne permet évidemment pas, du moins dans les circonstances normales, que l'héritier qui n'a été appelé à recueillir qu'une fraction de l'actif héréditaire puisse être tenu même sur les biens qui lui sont échus
dans le partage de cet actif d'une portion des dettes du défunt su-
périeure à celle qui correspond à la fraction sus-indiquée; considération qui portait Pothier (Oblig., n° 309) à décider que ce
principe a la propriété d'affecter non-seulement le for intérieur
mais encore le domaine de la conscience. Enfin quant aux inconvénients pratiques que l'on nous signale, outre qu'ils résulteront
le plus ordinairement non pas de la division des dettes entre les
cohéritiers mais de causes étrangères à celle-ci et que les créanciers du défunt eussent pu prévenir après le partage par l'emploi
des mesures conservatoires que nous avons précédemment indi-
quées, ces créanciers auront eu en tout état de cause un moyen
presque toujours efficace de les faire disparaître dans la faculté
qui leur était donnée de former une opposition à ce partage et
de veiller à ce qu'il ne portât aucune atteinte intentionnelle à
leurs droits; que s'ils ont négligé cette précaution il est naturel
qu'eux seuls subissent les conséquences de leur négligence à protéger leurs propres intérêts. (V. en ce dernier sens MM. Aubry et
Rau, *op. cit.*, note 56. M. Demol., n° 310 et un arrêt de la Cour
suprême du 9 juin 1857 qui casse l'arrêt précité de la Cour de
Caen. Voir aussi l'arrêt de renvoi de la Cour de Rennes du 10
janvier 1858.) - Nous avons dans ce qui précède supposé que
les créanciers du défunt n'ont accepté pour débiteur aucun de
ceux des héritiers contre lesquels ils n'agissent pas présentement;
mais il est bien évident que dans le cas inverse la solution par
nous adoptée serait encore, et même *à fortiori*, la meilleure à
suivre (v. arrêt C. cass. du 3 février 1857).

II. La Séparation modifie-t-elle vis-à-vis des biens héréditaires les relations primitives des créanciers du défunt?

Cette question qui ne se présente guère qu'en ce qui concerne
les immeubles relativement auxquels nous allons aussi seulement
la traiter en faisant d'ailleurs observer que nos solutions s'appliqueront *mutatis mutandis* aux meubles de la succession, comporte
encore l'examen de plusieurs hypothèses différentes les unes des
autres.

Supposons d'abord que les créanciers du défunt aient demandé
tous et d'une manière également régulière la Séparation des Patrimoines. Il est bien évident, et personne n'a jamais mis en doute,
qu'alors les relations précitées ne seront en rien changées et que
lorsque viendra à s'opérer la distribution du prix des immeubles
héréditaires ce prix qu'il faut pour que la question ait ici de l'intérêt réputer insuffisant à acquitter l'intégralité du passif laissé
par le *de cujus* sera réparti entre ces créanciers au marc le franc
ou par ordre de préférence, selon la nature égale ou inégale des
titres qu'ils invoquent.

Mais qu'arrivera-t-il dans l'hypothèse assez fréquente où
quelques-uns de ces mêmes créanciers ayant demandé, en se
conformant à cet égard plus ou moins aux prescriptions de la
Loi, le bénéfice de Séparation, les autres l'ont réclamé moins
régulièrement que les premiers ou même ont totalement négligé
de s'en assurer l'emploi? Résultera-t-il de la diligence dont les
premiers auront ainsi fait preuve quelque avantage pour eux au
préjudice des seconds?

Admettons ici provisoirement soit pour plus de simplicité soit
pour qu'il y ait un débat possible, d'une part que les créanciers
du défunt soient chirographaires et d'autre part que les immeubles héréditaires soient insuffisants à les désintéresser tous.

Cela posé, établissons l'espèce suivante au développement de
laquelle nous pourrons nous restreindre : Un des créanciers du

défunt s'est inscrit dans les six mois du décès conformément à l'article 2111 du Code Napoléon tandis que les autres ne l'ont fait qu'après ce délai mais sans toutefois qu'aucun créancier de l'héritier se soit inscrit avant eux; et demandons-nous si en cet état de choses le premier pourra à raison de sa promptitude, lorsque viendra à s'opérer la vente des immeubles héréditaires, se faire colloquer sur le prix en provenant pour l'intégralité de sa créance ou bien s'il n'aura droit qu'au dividende auquel se serait à coup sûr réduite sa collocation si tous les créanciers du défunt s'étaient inscrits dans le même délai de six mois? La question a été très-vivement discutée. D'après M. Blondeau (*op. cit.* p. 481 et s.) et un arrêt de la Cour de Lyon du 17 avril 1832, la première solution est celle qu'il faut adopter. Il est d'abord, dit-on, certain et l'article 2146 est là pour le prouver *à contrariô*, que les créanciers du défunt ont pu après la mort de leur débiteur se procurer les uns vis-à-vis des autres des causes de préférence, et c'est ce qui s'est opéré dans notre espèce; quel droit en effet la Séparation a-t-elle conféré au créancier inscrit dans les six mois? Un véritable privilége. Quelle est maintenant la situation de ceux qui n'ont pris inscription qu'après ce terme? Celui de simples créanciers hypothécaires; or un privilége doit apparemment l'emporter sur des Hypothèques surtout lorsque celles-ci, comme dans la présente circonstance, n'ont qu'une date postérieure à celui-là. Ensuite la solution que l'on soutient n'est-elle pas la seule qui soit réellement en rapport avec la nature actuellement individuelle du bénéfice de Séparation! D'ailleurs quels ne seraient pas les inconvénients pratiques du système contraire lequel aurait du moins ordinairement pour conséquence nécessaire, soit d'engager le créancier diligent à prendre au grand détriment du crédit de l'héritier inscription sur tous les immeubles du défunt, soit de rendre ce créancier victime des ménagements qu'il aura cru pouvoir garder vis-à-vis du successeur en ne s'inscrivant que sur

l'un de ces immeubles d'une valeur seulement suffisante à représenter le montant de sa propre créance! —Ces arguments sont, il
faut l'avouer, fort spécieux; néanmoins nous ne les croyons pas
décisifs et nous sommes au contraire très-fortement portés à penser que le créancier inscrit dans les six mois ne pourra se faire
colloquer qu'au marc le franc. Nous en trouvons en effet une
raison péremptoire dans les art. 878 et 2111 desquels il résulte
que l'exercice de la Séparation ne se produit jamais qu'à l'encontre des créanciers de l'héritier et par suite nullement entre ceux
du défunt comme le prétendent ici nos adversaires, ce qui d'ailleurs est fort équitable puisque c'est toujours uniquement dans
l'intention de se préserver du concours des premiers et non pas
dans celle d'acquérir un droit de préférence les uns vis-à-vis des
autres que les séparatistes en réclament le bénéfice. Que l'article 2146 permette aux créanciers du défunt de s'assurer après
le décès de leur débiteur des garanties dont l'effet modifie leur
situation respective, cela est en principe incontestable; mais qu'il
leur suffise pour cela de demander plus ou moins régulièrement
le bénéfice de Séparation, voilà ce qui est d'après ce que nous venons de dire complètement erroné. Que ce bénéfice leur confère
en fait un privilége ou une Hypothèque selon qu'ils se sont ou non
inscrits dans les six mois à partir du décès, cela est également
certain; mais cette distinction ne saurait évidemment s'appliquer
qu'au respect des créanciers de l'héritier vis-à-vis seulement desquels la loi a voulu l'introduire. De même que la Séparation soit
aujourd'hui une mesure individuelle, c'est ce que nous avons
garde de nier, et il en résultera que les créanciers du défunt qui
n'auront pas demandé ce bénéfice ou qui ne l'auront fait que
d'une manière irrégulière ne pourront en rien en invoquer les
avantages ou ne seront en un certain cas dont nous allons parler
tout à l'heure admis à le faire que dans une étroite limite; mais
que l'on puisse jamais invoquer contre eux le bénéfice dont il

s'agit, c'est là ce que nous ne saurions accorder et ce qui est
contraire aux principes mêmes de la matière. Enfin quant aux
inconvénients pratiques de notre système nous ferons observer qu'à
part cette double considération que ces inconvénients ne seront
presque jamais en fait aussi grands qu'on veut bien le supposer
et que d'un autre côté l'opinion contraire en présente également
de très-considérables en rendant les créanciers non inscrits dans
les six mois constamment victimes d'un retard qui ne sera souvent que la conséquence de l'ignorance où ils étaient restés de la
mort de leur débiteur, l'existence de ces mêmes inconvénients
dont nous ne contestons pas du reste la possibilité ne saurait nous
autoriser à violer le texte comme l'esprit de la Loi sous prétexte
de lui chercher une facile application (v. en ce sens MM. Aubry
et Rau, § 619, n° 46 et un arrêt de la Cour de Grénoble du 21
juin 1844).

Quid à présent si, les autres circonstances restant les mêmes,
un créancier de l'héritier s'est inscrit sur les immeubles héréditaires avant les créanciers du défunt qui n'ont rempli cette formalité qu'après l'expiration du délai de six mois? Ici encore
M. Blondeau reproduit son système en l'appuyant, en outre des
motifs ci-dessus présentés, sur la maxime : *Si vinco versantem
te à fortiori te vinco* : Si, dit-il, le séparatiste inscrit dans les six
mois l'emporte, comme cela est incontestable, sur le créancier
hypothécaire de l'héritier il doit *à fortiori* l'emporter sur les autres créanciers du défunt auxquels celui-ci se trouve comme nous
le savons alors préférable.—Mais cette nouvelle considération qui
a ici entraîné à l'opinion de M. Blondeau l'adhésion de plusieurs
auteurs lesquels cependant adoptent en principe la solution que nous
avons ci-dessus proposée ne saurait selon nous faire, pour le cas
présent, échec à cette même solution en faveur de laquelle s'y re-
produisent d'ailleurs tous les motifs que nous avons déjà donnés
à son appui. Effectivement en admettant même, ce qui nous paraît

au moins discutable, que la maxime dont il s'agit fût applicable
à notre matière, il faudrait toujours pour que la conséquence que
l'on veut ainsi en tirer fût exacte que l'inscription prise dans les
six mois donnât nécessairement au créancier qui l'a requise le
droit d'être préféré pour l'intégralité de sa créance sur le créancier de l'héritier ; en négligeant donc comme ils le font de résoudre ce point préalable nos contradicteurs arrivent à une con-
clusion qui sur ce point manque totalement de base. Or comment
le point en question devrait-il être réglé ? Evidemment en attri-
buant au créancier du défunt seulement la collocation sur laquelle
il devait compter en tout état de cause c'est-à-dire un dividende
égal à celui que lui eût procuré le concours de tous les créanciers
héréditaires ; c'est donc à ce même dividende que devra à tous les
points de vue se réduire son droit. Maintenant il est bien vrai que
le créancier hypothécaire de l'héritier devant ici percevoir jusqu'à
concurrence de l'intégralité de sa créance le surplus du prix à
distribuer dont le reliquat définitif devra seul revenir aux autres
créanciers du défunt auxquels l'inscription antérieure de l'ayant-
cause du successeur a rendu cet ayant-cause préférable et qui
d'ailleurs seraient, cela va de soi, mal fondés à recourir sur l'al-
location faite au séparatiste inscrit dans les six mois, ces créanciers toucheront ici par la force des choses un dividende moindre
que celui concédé à ce dernier ; mais il faut se garder de conclure
de là que dans la présente circonstance les relations primitives
des créanciers héréditaires se trouvent modifiées puisque au
résumé ce sont ces relations elles-mêmes qui ont servi à régler
ici la part revenant au créancier diligent lequel s'il ne peut jamais profiter du retard de ses cocréanciers ne saurait en revanche
dans quelque cas que ce soit en devenir la victime. (Conformes :
MM. Aubry et Rau, *op. cit.*, n° 47, Dufresne, n° 108.)

Les solutions que nous venons de présenter s'appliqueront naturellement *mutatis mutandis* à l'espèce où au lieu de s'inscrire

13

les uns dans les six mois et les autres après, les créanciers du défunt n'auraient pris tous inscription qu'une fois ce délai expiré mais à des dates différentes entre elles.

Elles s'appliqueraient aussi, sauf les différences résultant forcément de cette modification, à celle où au lieu de ne s'inscrire qu'après les six mois ou postérieurement à un cocréancier inscrit lui-même après ce délai, quelques-uns des créanciers du défunt n'auraient en rien rempli cette formalité.

Nous avons jusqu'ici supposé chirographaires tous les créanciers du défunt; que si quelques-uns seulement l'étaient tandis que les autres seraient privilégiés ou hypothécaires, ces derniers devraient par les motifs plus haut déduits, lesquels ont on a pu le remarquer une portée absolue, en tout état de cause du moins en principe se trouver préférés aux premiers sur le prix des immeubles héréditaires.

De tout ce que nous venons de dire on peut donc conclure d'une manière générale que la Séparation n'apporte aucun changement aux relations primitives des créanciers du défunt vis-à-vis des biens héréditaires.

III. Les créanciers du défunt pourront-ils, une fois les biens de celui-ci épuisés par l'exercice de la Séparation, recourir pour ce qui leur resterait dû, sur la fortune de l'héritier?

Qu'ils puissent y recourir une fois les créanciers propres de cet héritier désintéressés, c'est ce qui ne saurait être mis en doute puisque la Séparation laissant aujourd'hui subsister la saisine et par suite l'obligation personnelle dont celle-ci avait grevé l'héritier au profit des séparatistes il en résulte forcément que ces derniers restent, une fois l'effet principal du bénéfice qu'ils avaient invoqué obtenu, parfaitement fondés en principe de s'attaquer à une fortune qui est ainsi devenue et demeurée leur garantie particulière; aussi aucune difficulté ne s'est-elle jamais élevée sur ce point. Mais il en est surgi dans la doctrine une fort grave sur

celui de savoir si le recours dont il s'agit pourra se produire
avant l'acquittement des dettes de l'héritier et par suite en concurrence avec ses créanciers propres?— Pour la négative qui est
enseignée notamment par M. Marcadé (art. 880, n° 6) on a dit :
que celle-ci étant admise dans l'Ancien Droit Français il y a tout
lieu de croire que le Code qui ne l'a pas formellement répudiée a
entendu lui aussi la consacrer; que d'ailleurs elle est très-con-
forme à l'équité; qu'enfin cette solution est la seule qui réponde à
l'idée que l'on se forme ordinairement du bénéfice dont il est
question et à la signification naturelle du terme par lequel on le
désigne. —Mais l'opinion contraire adoptée par la plupart des auteurs et entre autres par MM. Nicias Gaillard et Genty (v. le t. 8,
1856, de la Revue critique de législation, p. 201 et s. et 344 et s.)
nous semble bien préférable; et voici les raisons qui nous portent
à penser de la sorte : On a vu tout à l'heure que la Séparation ne
résolvant plus la saisine les biens de l'héritier demeurent malgré
son exercice affectés à la garantie des créanciers du défunt restés
en tout état de cause les créanciers personnels de l'héritier, titre
qu'ils continuent ainsi de partager avec ceux auxquels ce dernier
s'était primitivement et spécialement obligé. Cela étant et les
biens d'un débiteur commun devant d'un autre côté se distribuer
par contribution entre ses divers créanciers à moins qu'il n'y ait
entre ceux-ci des causes légitimes de préférence c'est-à-dire des
priviléges ou des hypothèques (art. 2093 et 3094), il en découle
directement que les créanciers du défunt devront avoir ici sur la
fortune du successeur des droits égaux à ceux de ses créanciers
propres pourvu qu'il n'existe pour ceux-ci à l'encontre des premiers du moins dans l'hypothèse dont nous nous occupons en ce
moment aucun privilége quant aux biens en question; or la loi
ne leur en accorde pas, et en matière de privilége on ne peut suppléer à son Texte. C'est donc en vain qu'à défaut de ce Texte on
invoque à cette occasion les traditions de l'Ancien Droit Français,

ces traditions ne sauraient y tenir lieu d'une disposition formelle,
il y a plus, ces traditions le Code a clairement entendu les repousser et la preuve s'en trouve dans l'art. 881 lequel en ôtant
aux créanciers de l'héritier la faculté qu'ils avaient autrefois de
demander eux-mêmes la Séparation indique par là d'une manière
évidente l'intention du législateur d'abroger une règle qui dans
la pensée des anciens jurisconsultes n'était au fond qu'une conséquence de la faculté précitée. C'est également en vain que l'on
invoque l'équité, celle-ci ne saurait avoir au point de vue du
Droit positif plus de puissance que les traditions et d'ailleurs
cette nouvelle considération est, quand on y réfléchit, bien loin
d'avoir en fait la valeur morale que l'on veut lui attribuer; il
suffit pour s'en convaincre de se reporter aux motifs qui ont dicté
l'art. 881 et dont l'application se reproduit d'une manière presque complète quant au point que nous traitons actuellement.
Ensuite pour ce qui regarde l'argument tiré de l'expression *Séparation des Patrimoines* par lequel on désigne le bénéfice qui
fait l'objet de ce traité, il se trouve facilement repoussé par cette
observation que l'impropriété d'un terme ne saurait altérer les
conséquences forcées de la chose qu'il sert à indiquer. Enfin remarquons en terminant que l'opinion contraire à la nôtre a en
outre de son illégalité le grave défaut de présenter dans la pratique des difficultés inextricables, soit en nécessitant une distinction en fait impossible entre les divers créanciers de l'héritier
selon qu'ils sont ou non antérieurs à l'ouverture de la succession,
soit, si cette distinction n'a pas lieu, en permettant à cet héritier
de soustraire facilement au moyen d'obligations fictives à l'action
des séparatistes l'intégralité de ses biens personnels parmi lesquels cependant il aura le plus souvent confondu d'une manière
irréparable une grande partie des valeurs qui formaient primitivement le gage exclusif de ces derniers.

IV. La Séparation produit-elle au profit des créanciers du défant un droit de suite en cas d'aliénation faite par l'héritier des biens de la succession ?

La négative est sur ce point certaine en ce qui concerne les meubles relativement auxquels les priviléges ne peuvent jamais, comme on le sait, donner naissance à un droit de cette nature ; aussi avons-nous conseillé aux séparatistes qui veulent se garantir contre les aliénations que le successeur serait tenté de consentir du mobilier héréditaire, d'en enlever complètement la possession à ce dernier.

Mais que décider pour ce qui regarde les immeubles en supposant bien entendu que les créanciers du défunt aient pris inscription avant la transcription de l'acte qui a fait sortir ceux-ci des mains de l'héritier ? Pour nous il ne saurait y avoir ici de difficulté. Nous admettons en effet que la Séparation est un véritable privilége ; or tout privilége entraîne avec lui un droit de suite sur les immeubles qui y sont soumis, donc le bénéfice dont il s'agit en produira un au profit de ceux qui le réclament. Ce droit de suite sera d'ailleurs le plus souvent indispensable aux créanciers du défunt soit pour empêcher l'héritier de faire disparaître sans compensation pour eux les objets qui formaient leur garantie primitive soit du moins pour porter le prix de ces objets à la plus grande valeur possible, et cette considération rend encore plus incontestable la solution que nous venons d'émettre. Nous devons toutefois en cet endroit répondre à certaines objections présentées contre cette même solution par les auteurs qui refusent de reconnaître à la Séparation la nature d'un véritable privilége. — La preuve disent-ils que ce bénéfice ne saurait conférer un droit de suite ressort clairement du Texte de l'article 880 lequel en déclarant que « la Séparation peut être exercée tant que les immeubles héréditaires existent aux mains de l'héritier » indique par là à *contrariò* qu'il ne saurait y avoir de droit de suite en cette matière. Et rien n'est plus plausible que cette décision : Quel est en effet le but de la Séparation ? Uniquement de rétablir au profit des créanciers du défunt le gage qu'au moment de la mort de leur débiteur ils possédaient sur ses biens, or ce gage n'entraînait aucun droit de suite et lui en attribuer un après ce décès ce serait dépasser l'objet qu'on se propose d'atteindre et améliorer la situation des créanciers en question sous prétexte de la leur conserver intacte. Ensuite contre qui la Séparation s'exerce-t-elle dans notre législation ? Nous l'avons vu, c'est contre les créanciers de l'héritier ; on ne peut donc sans violer des principes incontestables précédemment posés la diriger contre des tiers acquéreurs dont l'équité exige d'ailleurs que ces créanciers respectent complètement la situation. Enfin s'il est vrai que le présent système sera dans certains cas défavorable aux séparatistes ceux-ci ne sauraient être reçus à s'en plaindre puisqu'ils eussent pu facilement éviter l'inconvénient qui va les atteindre en exigeant des sûretés spéciales de leur débiteur originaire dont ils ont à se reprocher d'avoir suivi entièrement la foi. — Mais il est évident que ces objections n'ont rien de véritablement sérieux et qu'on les repousse aisément par les observations suivantes dont l'exposé donnera naturellement une nouvelle force à l'opinion par nous admise sur le point actuellement envisagé : En premier lieu il est tout-à-fait erroné que l'article 880 ait la signification qu'on lui prête ici. Tout ce qui résulte de son Texte c'est, ainsi que nous l'avons déjà vu, que les créanciers du défunt qui n'auront employé à l'égard des immeubles héréditaires aucune mesure conservatoire ne seront plus reçus à venir par l'exercice de la Séparation inquiéter les tiers acquéreurs, mais il n'en ressort nullement que lorsque des mesures suffisantes c'est-à-dire l'inscription dont parlent les articles 2111 et 2113 auront été prises à temps sur les immeubles dont il s'agit ceux-ci puissent encore être soustraits à l'action des séparatistes ; tout au contraire porté à croire qu'une fois le droit de ceux-ci imprimé sur l'objet où il doit s'exercer, les aliénations consenties par l'héritier ne pourront pas plus leur être opposées que ne peuvent l'être alors les Hypothèques conférées par ce dernier. En second lieu que la Séparation ait pour but unique de rétablir au profit des créanciers du défunt le gage qu'ils possédaient jadis sur les biens de celui-ci, cela est incontestable ; mais toujours est-il que ce but doit être sérieusement accompli et que les créanciers du défunt ne peuvent forcément rester comme cela arriverait nécessairement dans le système contraire à la merci de l'héritier libre de rendre en tout état de cause illusoire la faveur qu'a voulu leur assurer la Loi, en vendant au comptant ou mieux en aliénant à titre gratuit les immeubles héréditaires. Evidemment ôter à cet héritier une pareille faculté ce ne sera pas dépasser le but de l'institution, ce ne sera que le remplir. Il est vrai qu'accorder ici aux séparatistes le droit de suivre les immeubles en question ce sera leur concéder un avantage dont ils ne jouissaient pas du vivant du *de cujus;* mais qu'importe si cet avantage leur est aujourd'hui indispensable pour la sauvegarde de leurs intérêts ! Et d'ailleurs le législateur en rendant, du moins en thèse générale, non avenues à leur respect les Hypothèques consenties par l'héritier, alors qu'ils ne pouvaient empêcher leur débiteur originaire d'affecter ses biens à leur détriment, n'indique-t-il pas par là qu'il a entendu jusqu'à un certain point modifier leur situation primitive et transformer en gage *réel* le gage *personnel* qu'ils possédaient jadis sur les biens précités ! En troisième lieu on ne saurait nier davantage que la Séparation sous la législation actuelle doive s'exercer contre les créanciers de l'héritier, mais en quoi ce principe pourrait-il priver les Séparatistes d'un droit de suite vis-à-vis des tiers acquéreurs? Est-ce qu'il s'agira dans la mise en œuvre de ce droit d'exercer la Séparation contre ces derniers? Pas le moins du monde ! il s'agira seulement d'assurer cet exercice, lequel sera toujours dirigé contre qui il appartiendra. Sans doute ce tiers acquéreur, qui sera d'ail-

leurs souvent lui-même un des créanciers de l'héritier, se trouvera
en définitive atteint par ce même exercice, mais il ne le sera qu'indirectement. Et au surplus de quoi pourrait-il se plaindre? N'a-t-il
pas connu par l'inscription des créanciers du défunt contenu en
l'état sur transcription l'existence de ceux-ci et le danger que leur
présence ainsi révélée pouvait lui faire courir! De quoi surtout
se plaindrait-il si ayant acquis à titre gratuit il combat uniquement
pro lucro captando, tandis que ses adversaires eux *certant
pro damnæ vitando!* Enfin et en dernier lieu s'il est vrai ainsi que
le remarquent nos contradicteurs que les créanciers du défunt
aient suivi la foi de celui-ci dont il est en conséquence juste qu'ils
subissent tous les actes, il est en revanche également certain qu'ils
n'ont en rien suivi celle de son successeur du caprice ou de la
malveillance duquel il serait par suite de la plus flagrante iniquité
de les rendre forcément les victimes. (Voir sur ce point les au-
torités citées, *p. 87.*)

Ainsi donc, en résumé : Droit de Préférence au respect des créanciers de l'héritier s'exerçant, sauf l'observation faite précédemment à cet égard, d'une manière indivisible sur les biens héréditaires, et Droit de Suite destiné à assurer l'exercice du premier
sur les immeubles de la succession ; tels sont, si l'on y joint les
conséquences forcées des mesures conservatoires dont nous avons
parlé en ce qui concerne les meubles, les effets divers que la
Séparation est susceptible de produire au profit de ceux qui sont
habiles à la demander.

§ VII.

Quelle est l'influence de l'acceptation bénéficiaire et de la vacance de la succession sur la Séparation des Patrimoines?

Nous avons dans tout ce qui précède supposé la succession ac-

ceptée purement et simplement. Il nous reste maintenant à savoir
si les règles ci-dessus développées s'appliqueront encore au cas
d'acceptation bénéficiaire ou de vacance de l'hérédité.

Occupons-nous d'abord de l'hypothèse où la succession est prise
par bénéfice d'inventaire.

Sur ce point la plupart des auteurs et surtout des arrêts présentent les solutions suivantes :

1° L'acceptation bénéficiaire, pourvu bien entendu qu'elle ait
été accomplie d'une manière régulière, entraîne de plein droit
pendant sa durée le privilége de la Séparation des Patrimoines
au profit des créanciers du défunt qui dès-lors n'ont plus besoin
pour s'en assurer pendant cette même durée les avantages spéciaux ni d'agir dans les trois ans relativement au mobilier ni de
requérir quant aux immeubles dans les six mois et même à quelque époque que ce soit l'inscription exigée par l'article 2111.
Quel est en effet le but de la Séparation et par suite des formalités
qui en sont l'accompagnement ordinaire? Uniquement de mettre
plus ou moins complètement un terme à la confusion du Patrimoine du défunt avec celui de son successeur, de manière à ce
que les créanciers du premier soient sur les biens héréditaires
préférés aux créanciers du deuxième; or n'est-ce pas ce qu'opère
par elle seule l'acceptation bénéficiaire qui d'une part fait cesser
la confusion sus-indiquée et d'autre part rend l'héritier comptable
envers les créanciers du *de cujus* de toutes les valeurs de la succession? Dès-lors pourquoi exiger ici des conditions et des formalités inutiles en elles-mêmes qui d'ailleurs se trouveront au
point de vue de la publicité remplacées suffisamment par la déclaration formelle que l'héritier a faite au greffe de son intention
de n'accepter que bénéficiairement et qui enfin seraient en ce qui
concerne l'inscription à prendre sur les immeubles totalement impraticables puisque l'article 2146 défend d'une façon expresse de
s'inscrire sur les biens dépendant d'une succession bénéficiaire?

14

2° La situation ainsi créée aux créanciers du défunt par l'acceptation bénéficiaire ne peut plus être changée sans leur assentiment par aucun événement ultérieur et notamment par la renonciation de l'héritier au bénéfice d'inventaire ou par la déchéance qu'il en encourrait : ces deux circonstances auront sans doute pour effet de faire perdre à l'héritier les avantages qu'il retirait du bénéfice par lui primitivement réclamé, mais elles ne sauraient en rien modifier la situation désormais fixée des créanciers susmentionnés. C'est ce qui ressort, quant à la renonciation volontaire du successeur, de cette considération que s'il est permis à l'héritier de faire l'abandon de son propre droit il lui est interdit de disposer du droit d'autrui ; lui laisser cette dernière liberté serait irrationnel, et de plus inique puisque d'une part il pourrait le faire par des actes secrets qui ne parvenant pas à la connaissance des intéressés ne sauraient mettre ceux-ci en demeure de remplir les conditions dont la Séparation des Patrimoines se trouve accompagnée dans le Droit Commun, et que d'autre part abstraction faite de cette particularité les actes d'acceptation pure et simple pourraient intervenir à une époque où les délais fixés par les articles 880 et 2111 étant expirés il ne serait plus temps pour les créanciers du défunt de demander du moins utilement le bénéfice en question. Maintenant ce qu'on vient de dire de la renonciation volontaire de l'héritier s'applique *à fortiori* à la déchéance par lui encourue ; cette déchéance étant aux termes mêmes des articles 988 et 989 du Code de Procédure, lesquels en prévoient le cas le plus fréquent, une véritable peine infligée à cet héritier au profit des créanciers du défunt et qui par conséquent ne saurait altérer la situation antérieure de ceux-ci et encore moins leur porter un préjudice assuré.

3° Lorsque la succession s'est trouvée dévolue à plusieurs héritiers dont un ou quelques-uns seulement ont accepté bénéficiairement les deux décisions ci-dessus reçoivent leur exécution même à l'égard des successeurs qui ont fait une acceptation pure et simple; car, d'abord l'inventaire qui a été alors dressé ayant nécessairement compris tous les meubles héréditaires a par là même opéré une Séparation complète des biens de la succession d'avec ceux des divers héritiers, et ensuite le bénéfice d'inventaire constitue une situation nécessairement indivisible et dont les effets s'étendent dès-lors à toutes les parties de l'hérédité.

Il va de soi que les solutions qui précèdent s'appliquent quelle que soit la cause qui ait donné naissance au bénéfice d'inventaire et par suite que celui-ci résulte de la volonté de l'héritier ou bien qu'il se soit produit à raison de la minorité de ce dernier.

(Sic MM. Bilhard, Traité du bén. d'invent., p. 378 à 381; Dufresne, nᵒˢ 76 et s.; Aubry et Rau, nᵒˢ 58 et 62. Et les arrêts suivants : Paris, 20 juillet 1811; Cass. 18 juillet 1833; Nîmes, 21 juillet 1852; Cass. 11 décembre 1854; Caen, 21 nov. 1855; Cass. 3 août 1857.)

Nous ne saurions, quant à nous, admettre aucun des trois résultats de ce système que nous allons essayer de réfuter pièce à pièce.

1° Il est en premier lieu erroné de prétendre, comme le font les auteurs et les arrêts précités, que le bénéfice d'inventaire réclamé par l'héritier entraîne de plein droit pendant sa durée au profit des créanciers du défunt la Séparation des Patrimoines. Ce sont là en effet deux institutions parfaitement distinctes. La première a été introduite uniquement en faveur de l'héritier, la seconde au contraire l'a été dans l'intérêt exclusif des créanciers du défunt; et tandis que l'une a pour objet de préserver la fortune du successeur des actions de ces derniers l'autre se propose d'assurer à ceux-ci à l'encontre de ce successeur ou plutôt de ses créanciers personnels les biens laissés par le *de cujus*. Aussi le Code en traite-t-il dans deux endroits différents et les soumet-il à des conditions diverses : celle-là est par lui réglée

dans la sect. 3, chap. 5 du tit. 1, du liv. 3 et soumise pour son
obtention à certaines formalités tracées par les art. 793 et 794 ;
celle-ci ne se trouve organisée que dans la sect. 3 du chap. 3 du
même titre ainsi que dans la sect. 4 du chap. 2 du titre 18 où
les art. 880 et 2111 dont les textes sont d'ailleurs des plus généraux et s'appliquent dès-lors à toutes les situations qu'aura
pu prendre l'héritier vis-à-vis de la succession en restreignant
la demande à certains délais particuliers à certaines formes
toutes spéciales. Le bénéfice d'inventaire ne saurait donc à lui
seul amener un résultat qui au résumé en est tout l'opposé. Sans
doute, par la force même des choses, l'acceptation bénéficiaire
entraîne avec elle quelques-uns des effets de la Séparation. C'est
ainsi que pendant toute la durée de cette acceptation les créanciers du défunt seront, en vertu des art. 802, 803 et 807 du Code
Napoléon qui en proclamant alors la cessation de la confusion
des biens de l'héritier avec ceux du défunt rendent l'héritier comptable envers les créanciers précités de toutes les valeurs de la
succession, préférés *ipso jure* sur ces mêmes valeurs que nous supposons transformées en argent aux créanciers quelconques du
successeur qui ne sauraient ni avoir ici plus de droits que leur
auteur ni contraindre indirectement celui-ci à perdre le bénéfice
qu'il avait eu le soin de s'assurer et qui au surplus ont été avertis
par la publicité donnée à cette acceptation, publicité qui en réalité n'a pas d'autre objet, de la priorité qu'ils auraient ainsi à
subir ; et ce droit de préférence pourra même être plus étendu
que celui réalisé par la Séparation puisque d'une part il s'exer-
cera du moins en principe collectivement au profit de tous les
créanciers du défunt sur tous les biens héréditaires et que d'autre
part il portera sur un prix qu'une vente aux enchères devra toujours élever au plus haut chiffre possible. Mais est-ce à dire pour
cela qu'il s'agisse là d'une véritable Séparation des Patrimoines ?
pas le moins du monde ! Il n'y est d'après ce que nous avons dit

tout à l'heure et ainsi qu'on peut du reste le reconnaître facilement question que de l'effet indirect d'un bénéfice introduit dans un tout autre but. Aussi le droit de préférence dont il est cas ne sera, c'est notre intime conviction, garanti par aucun droit de suite; de telle sorte que les créanciers du défunt auront même l'acceptation bénéficiaire subsistant intérêt à réclamer pour le présent et abstraction faite de ce que nous dirons dans un moment de leur situation future le bénéfice de la Séparation. Maintenant comment le feront-ils? Evidemment dans les délais et les formes ordinaires; en vain objecte-t-on relativement à ces formes que l'inscription exigée par l'art. 2111 deviendra pour eux impraticable en raison de la prohibition qu'édicte l'art. 2146, car il suffit de lire celui-ci avec attention pour s'apercevoir aussitôt qu'il ne règle que les relations des créanciers du défunt entre eux et ne s'occupe nullement de leurs rapports soit avec l'héritier soit avec ses ayant-cause.

2° L'acceptation bénéficiaire ne profitant ainsi aux créanciers du défunt que par voie de résultance il s'ensuit que l'effet tel quel qu'elle peut produire indirectement à leur avantage et qui ne constitue en rien pour eux un droit acquis doit disparaître avec la cause qui l'avait amené et qui seule en légitimait l'existence, c'est-à-dire avec le bénéfice d'inventaire que la renonciation volontaire de l'héritier ou la déchéance q.   .subit laquelle n'est au fond quand on envisage sérieusement et le Texte et l'esprit des articles 988 et . 989 du Code de Procédure qu'un cas spécial de renonciation tacite, a toujours incontestablement la puissance de faire cesser en établissant la confusion qui dérive de l'acceptation pure et simple. C'est là une conséquence logique des observations ci-dessus présentées; et cette conséquence n'a d'ailleurs rien d'inique. De quoi en effet pourraient alors se plaindre raisonnablement les créanciers du défunt? Leur position loin de s'empirer ne s'est-elle pas même améliorée par le nouvel ordre de choses qui est

venu à se produire I n'ont-ils pas maintenant pour garantir leurs
droits en outre des valeurs héréditaires celles propres à l'héritier I Cet héritier, dit-on, peut être insolvable : eh bien ils réclameront dans les conditions légales le bénéfice de Séparation des Patrimoines I Mais le plus souvent répond-on, ils ne connaîtront
pas l'acceptation pure et simple de l'héritier, et dans tous les cas
il se peut que cette acceptation se soit opérée à une époque où la
demande en Séparation était d'après le Droit Commun devenue ou
impossible ou inutile : eh I que ne s'y prenaient-ils plus vite, que
ne remplissaient-ils pendant la durée même de l'acceptation bénéficiaire, sinon pour améliorer leur situation présente au moins
pour parer aux dangers futurs, les formalités voulues par la loi et
que rien nous l'avons vu ne les empêchait d'accomplir dès cette
époque I ils ne l'ont pas fait, qu'ils subissent la peine de leur négligence, et l'équité n'en souffrira point. Celle-ci ne serait-elle pas
au contraire gravement offensée si, ainsi que cela résulte du système de nos adversaires, l'héritier qui conduit par une erreur excu-
sable sur les forces réelles de la succession a primitivement pris
celle-ci sous bénéfice d'inventaire ne pouvait jamais en revenant
sur sa première détermination jouir, alors que le silence complet
des créanciers du défunt semble l'y autoriser, des avantages ordinaires d'une acceptation pure et simple dont on veut cependant
leur imposer forcément les charges et qui en définitive est le Droit
Commun I Comment d'ailleurs, au point de vue du crédit public
qui est encore celui de l'équité, de ce crédit public que la législation actuelle a pris pour base fondamentale de son régime hypothécaire et auquel elle tend de plus en plus à satisfaire, admettre une doctrine qui comme celle de nos contradicteurs en
arrive à laisser définitivement grevés d'un privilége tacite et
occulte les biens de la succession que l'héritier devenu pur et simple ne pourrait en conséquence, et cela à quelque époque que l'on
se place, soit hypothéquer soit même aliéner sans que les créan-

ciers et les acquéreurs avec lesquels il aurait traité à leur sujet
eussent à redouter un droit de préférence ou de suite dont rien né
leur a révélé l'existence et contre lequel ils n'ont pu dès-lors se
prémunir! évidemment cette dernière considération suffirait à elle
seule pour faire repousser une solution que tant d'autres motifs
déjà portent à regarder comme mauvaise.

3° En admettant que les deux premières solutions du système
adverse fussent exactes, toujours est-il que la troisième ne pourrait
jamais l'être et que les conséquences produites par le bénéfice
d'inventaire au profit des créanciers du défunt ne sauraient en
rien recevoir d'application au respect de ceux des héritiers qui
ont accepté purement et simplement ou de leurs ayant-cause.
En effet, à part son iniquité profonde et ses immenses inconvénients pratiques, la doctrine contraire serait, la confection d'un
inventaire général ne pouvant d'ailleurs évidemment équivaloir
à une acceptation bénéficiaire collective dont elle ne formerait que
l'un des éléments, une violation flagrante des articles 774 et 1220
qui proclament d'une manière absolue la divisibilité et l'indépendance des vocations héréditaires et des acceptations qui en
sont la suite divisibilité et indépendance qui quoique en disent
nos adversaires ne peuvent en ce cas de bénéfice d'inventaire
réclamé par l'un des héritiers recevoir une exception qu'aucun
Texte ne stipule et qu'aucune raison ne justifie; elle serait surtout du moins dans l'hypothèse d'un partage déjà effectué de l'hérédité, l'abrogation complète de l'article 803 lequel édicte d'une
façon également péremptoire la rétroactivité des partages, aussi
la Cour de cassation justement effrayée de l'illégalité à laquelle
conduit dans l'hypothèse précitée la doctrine qu'elle-même admet
cependant en principe a-t-elle, en cassant l'arrêt plus haut mentionné de la Cour de Caen, refusé de l'y consacrer, restriction
qui peut faire espérer chez la Cour régulatrice quant à l'ensemble
du point que nous traitons actuellément un retour prochain aux

véritables principes de la matière qui sont aussi, on a pu le voir, ceux du Droit Commun Général.

Terminons par une observation qui s'appliquera à toutes les parties du système ci-dessus : à savoir que l'illégalité et les inconvénients de ce système deviendront principalement saillants si l'on se place dans l'espèce où l'acceptation bénéficiaire résultant non de la volonté libre de l'auteur mais, ce qui évidemment revient ici au même, de sa minorité, on suppose qu'aucune des formalités voulues par les art. 793 et 794 n'a été remplie par le tuteur; circonstance qui du moins d'après les données de la jurisprudence ne saurait au cas de minorité mettre obstacle soit à l'existence du bénéfice d'inventaire soit à la production des conséquences qu'il se trouve susceptible de réaliser.

(Voir en ce dernier sens, M. Demolombe, Successions, tome 3, nᵒˢ 172 et suivants; M. Bayeux, Jurisprudence de la Cour de Caen, Nouveau recueil, première livraison, *pages* 1 et 2; et deux arrêts de la Cour de Lyon des 4 juillet 1835 et 2 décembre 1855).

Quid maintenant de la vacance de la succession?

Il est, sur ce dernier point, certain que pendant la durée de cette vacance, aucun successeur n'existant ou n'étant présumé exister, la confusion ne saurait se produire et que les biens laissés par le défunt restent le gage exclusif des créanciers héréditaires. Mais il ne s'agit pas là à vrai dire, ainsi qu'on peut facilement le reconnaître, d'une Séparation des Patrimoines; et si les créanciers du défunt veulent alors s'assurer celle-ci soit pour le présent soit pour l'hypothèse où la succession viendrait plus tard à être appréhendée par des héritiers actuellement inconnus ils devront demander ce bénéfice en remplissant soit contre l'hérédité ellemême soit contre le curateur nommé à celle-ci les conditions exigées par le Droit Commun, et cela pour des motifs analogues à ceux que nous avons présentés en nous occupant des successions bénéficiaires. (Conf., M. Demol., tomes 3, n° 158, et 5, n° 154 ; et un arrêt C. Amiens, du 18 juin 1853.)

De tout ce qui précède on peut conclure d'une manière générale que ni le bénéfice d'inventaire ni la vacance de la succession n'apportent, du moins en principe, aucune dérogation aux règles tracées dans nos six premiers paragraphes.

PROPOSITIONS.

DROIT ROMAIN.

I.

Lorsque les créanciers du défunt ne demandent pas la Séparation, ils concourent avec les légataires sur les biens héréditaires.

II.

La Séparation ne peut, du moins dans l'origine de la législation, être demandée contre un légataire partiaire.

III.

Le Bénéfice de Séparation met obstacle aux conséquences de la division légale des dettes entre les cohéritiers.

DROIT CIVIL FRANÇAIS.

I.

Les légataires du défunt ont, en outre de la Séparation, une hypothèque légale qui est tout-à-fait distincte de celle-ci.

II.

La demande en collocation formée sur les biens de l'héritier par les séparatistes avant l'épuisement fait par ces derniers de l'actif héréditaire ne constitue pas en principe une fin de non-recevoir contre l'exercice de la Séparation.

III.

La faillite de l'héritier ne saurait empêcher les ayant-droit de s'inscrire valablement sur les immeubles héréditaires aux fins de s'assurer l'exercice de la Séparation mais les inscriptions prises dans ce but seraient primées par celle qu'aurait requise le syndic aux termes de l'article 490 du Code de Commerce, si elles n'avaient été effectuées d'une part qu'après cette dernière et d'autre part que postérieurement à l'expiration du délai de six mois fixé dans l'art. 3 du Code Napoléon.

IV.

Le bénéfice de la Séparation n'atteint pas le prix de la vente d'un bien jadis vendu par le défunt à son successeur et revendu par celui-ci après la mort du *de cujus*.

V.

Ce bénéfice n'atteint pas non plus les biens rentrés dans la succession par l'effet d'un rapport entre cohéritiers.

—

DROIT PÉNAL.

La prescription de l'action criminelle n'entraîne pas celle de l'action civile.

—

DROIT ADMINISTRATIF.

Les petites rivières appartiennent aux propriétaires bordiers.

Vu par le Président de la Thèse :
BAYEUX.

Vu par le Doyen :
C. DEMOLOMBE.

Permis d'imprimer :
Le Recteur,
THÉRY.

COUTANCES, IMP. DE J.-J. SALETTES.